LEITURA
E PRODUÇÃO
TEXTUAL

Dados Internacionais de Catalogação na Publicação (CIP)
(Câmara Brasileira do Livro, SP, Brasil)

Köche, Vanilda Salton
  Leitura e produção textual : gêneros textuais do argumentar e expor / Vanilda Salton Köche, Odete Maria Benetti Boff, Adiane Fogali Marinello. 6. ed. – Petrópolis, RJ : Vozes, 2014.

  Bibliografia.

  7ª reimpressão, 2024.

  ISBN 978-85-326-3982-0

  1. Escrita 2. Leitura 3. Textos I. Boff, Odete Maria Benetti. II. Marinello, Adiane Fogali. III. Título.

10-00774   CDD-418

Índices para catálogo sistemático:
1. Leitura e produção textual : Linguística
418

Vanilda Salton Köche
Odete Maria Benetti Boff
Adiane Fogali Marinello

LEITURA E PRODUÇÃO TEXTUAL

Gêneros textuais do argumentar e expor

EDITORA VOZES
Petrópolis

© 2010, Editora Vozes Ltda.
Rua Frei Luís, 100
25689-900 Petrópolis, RJ
www.vozes.com.br
Brasil

Todos os direitos reservados. Nenhuma parte desta obra poderá ser reproduzida ou transmitida por qualquer forma e/ou quaisquer meios (eletrônico ou mecânico, incluindo fotocópia e gravação) ou arquivada qualquer sistema ou banco de dados sem permissão escrita da editora.

CONSELHO EDITORIAL

Diretor
Volney J. Berkenbrock

Editores
Aline dos Santos Carneiro
Edrian Josué Pasini
Marilac Loraine Oleniki
Welder Lancieri Marchini

Conselheiros
Elói Dionísio Piva
Francisco Morás
Gilberto Gonçalves Garcia
Ludovico Garmus
Teobaldo Heidemann

Secretário executivo
Leonardo A.R.T. dos Santos

PRODUÇÃO EDITORIAL

Aline L.R. de Barros
Marcelo Telles
Mirela de Oliveira
Natália França
Otaviano M. Cunha
Priscilla A.F. Alves
Rafael de Oliveira
Samuel Rezende
Vanessa Luz
Verônica M. Guedes

Editoração: Maria Paula Eppinghaus de Figueiredo
Diagramação e capa: Lara Kuebler

ISBN 978-85-326-3982-0

Este livro foi composto e impresso pela Editora Vozes Ltda.

Sumário

Apresentação.. 07

Introdução.. 09

1 Gêneros textuais....................................... 11

2 Tipologias textuais.................................... 19

3 Artigo de opinião...................................... 33

4 Carta argumentativa.................................... 45

5 Comentário... 53

6 Editorial.. 59

7 Carta do leitor.. 67

8 Dissertação escolar.................................... 75

9 Anúncio publicitário................................... 87

10 Texto explicativo..................................... 93

11 Operadores argumentativos............................. 103

12 Pontuação... 111

Referências.. 121

Índice... 125

Apresentação

Já não se lê mais como antigamente; se lê muito mais, não só porque tem muito mais gente capacitada para ler hoje do que antigamente, mas também porque hoje tem muito mais gente que precisa ler do que tinha antigamente (seja quando for esse antigamente). Se não se lesse mais, não seriam editados tantos livros como se edita hoje em todo o país. E também já não se escreve mais como antigamente. Se escreve muito mais e pelos mesmos motivos. Melhor? Melhor, claro; certamente nós escrevemos melhor do que nossos antepassados (sejam quais forem esses antepassados), tão mais oprimidos do que nós pela gramática e pela excludente crença elitista de que a capacidade de escrever depende de um misterioso dom e não do aprendizado e da prática. Por que nós, que tanto nos beneficiamos da luta deles contra essa opressão, estaríamos escrevendo pior, se somos muito mais solicitados a escrever do que eles foram e se somos muitos mais os solicitados a escrever e se, além disso, dispomos de recursos tecnológicos que nos permitem uma escrita muito mais produtiva e eficiente do que permitiam apenas a caneta e o papel?

Escrevemos muito mais e melhor até porque não tem outro jeito, pois o modo de produção em que estamos inseridos precisa de uma incessante produção de conhecimento, o que acarreta, incontornavelmente, a produção do texto que vai organizar esse conhecimento, dos textos que vão divulgar esse conhecimento, dos que vão problematizar esse conhecimento, dos que vão vulgarizar esse conhecimento, dos que vão testemunhar a apropriação desse conhecimento, dos que vão propor aplicações desse conhecimento. E é justamente isso que este livro quer ensinar: aqui se propõe a prática do artigo de opinião, da carta argumentativa, do comentário, do editorial, da carta do leitor, da dissertação escolar, do anúncio publicitário e do texto explicativo, gêneros que familiarizam o aluno com a exposição de ideias, com a organização dessa exposição e com a argumentação que fundamenta e defende as ideias expostas.

Para o aluno da graduação, o exercício disciplinado e constante desses gêneros vai introduzi-lo no universo dos trabalhos que vão ser exigidos pelas disciplinas do seu curso, dos relatórios e das apresentações em congressos das pesquisas que irá participar, da monografia de conclusão da graduação, do artigo do curso de especialização, da dissertação de mestrado, da tese de doutorado e de todas as demais exigências textuais a que terá de atender ao longo de sua vida profissional. Para o aluno do Ensino Médio, esse exercício vai prepará-lo não apenas para produzir uma redação no vestibular capaz de fazer a diferença no meio daqueles textos padronizados com que a grande maioria costuma se desempenhar dessa tarefa mas também para suavizar a sua transição para as exigências do estudo superior.

Escrever já não é mais – como parece ter sido para aqueles nossos antepassados – uma questão de gosto, de afinidade, de escolha, de prazer; escrever, para nós, tornou-se simplesmente uma questão de necessidade. Sendo assim, tratemos de aprender a escrever; tratemos de ensinar a escrever; tratemos de aprender a ensinar a escrever. Aprender a escrever, envolve, como o aprendizado de qualquer habilidade, a prática, a reflexão sobre a prática e a prática do aperfeiçoamento do que se pratica; por isso, é preciso escrever para aprender a escrever e para aprender a refletir sobre o que se escreveu. Ensinar a escrever também envolve o exercício e o consequente domínio da prática, além do exercício da orientação da prática do aluno. Aprender a ensinar a escrever envolve a experimentação de caminhos pelos quais se deve conduzir o aprendizado. Esta é a consistente proposta que *Leitura e produção textual – Gêneros textuais do argumentar e expor* tem a oferecer a alunos e professores empenhados em ensinarem-se a aprender e a ensinar a escrever.

Dr. Paulo Coimbra Guedes
Doutor em Linguística e Letras (PUC-RS)

Introdução

No contexto atual, ler e escrever de modo eficiente é extremamente importante, tanto na vida pessoal quanto na profissional, visto serem competências que facilitam a inserção do sujeito nas diferentes esferas sociais. Porém, verificamos em nossa prática docente e nas pesquisas realizadas que grande parte dos estudantes apresenta dificuldades na comunicação escrita e na compreensão de textos.

Nesse sentido, os Parâmetros Curriculares Nacionais (1999) recomendam que o ensino de língua ocorra a partir da exploração dos gêneros textuais de circulação social. Por isso, surgiu a necessidade de investigarmos o tema e produzirmos material que contemplasse a orientação dos PCNs, e desenvolvemos, na Universidade de Caxias do Sul, a pesquisa-ensino intitulada *Leitura e produção de textos na perspectiva dos gêneros textuais*. Parte dos resultados dessa pesquisa compõe esta obra – *Leitura e produção textual*: gêneros do argumentar e expor. Alguns capítulos foram publicados na forma de artigos científicos em periódicos nacionais e trabalhos completos em eventos promovidos por instituições de Ensino Superior.

Entendemos que o domínio de uma argumentação consistente e a habilidade de explicar claramente o que é solicitado resultam de procedimentos didáticos adequados. Assim, contemplamos neste livro a caracterização de gênero e de tipologia textual, e abordamos os gêneros das ordens do *argumentar* e *expor* – artigo de opinião, carta argumentativa, comentário, editorial, carta do leitor, dissertação escolar, anúncio publicitário e texto explicativo. Também apresentamos um estudo sobre operadores argumentativos e pontuação, estratégias linguísticas essenciais para a produção de gêneros adequados aos diferentes contextos comunicativos. Organizamos cada capítulo a partir de uma fundamentação teórica sobre o assunto em questão, seguida de uma análise ilustrativa, e, por fim, sugerimos atividades de leitura e produção textual.

As atividades propostas foram aplicadas em sala de aula e mostraram-se eficazes na formação de leitores e autores mais autônomos. Constatamos que a realização dos exercícios com gêneros do cotidiano foi prazerosa para os alunos e os auxiliou significativamente no aprimoramento de seu discurso.

Com esta obra, disponibilizamos material voltado à leitura e escrita que contempla tanto o Ensino Médio quanto o Superior. Não pretendemos esgotar as possibilidades de ampliar essas habilidades, mas esperamos contribuir para o estabelecimento de mediações mais concretas entre professores e alunos durante as aulas de Língua Portuguesa.

As autoras

Gêneros textuais 1

Os gêneros textuais, segundo Bakhtin, apresentam-se como *gêneros do discurso*, e *são tipos relativamente estáveis* de enunciados produzidos pelas mais diversas esferas da atividade humana (1992, p. 279). Afirma-se serem *relativamente estáveis*, pois podem sofrer modificações de acordo com a situação comunicativa na qual são empregados. Um acadêmico, por exemplo, utilizará uma linguagem mais elaborada no *e-mail* que enviar ao seu professor do que no *e-mail* que enviar ao seu colega.

A natureza dos gêneros é variada, e estes recebem diversas designações, como carta pessoal, receita culinária, bula de remédio, romance, conto, reportagem, notícia, editorial, resumo, resenha, esquema, redação de vestibular, edital de concurso, inquérito policial, piada, horóscopo, cardápio de restaurante, sermão, conferência, aula expositiva, conversação, reunião de condomínio, entre outros. Pode-se mesmo dizer que são ilimitados, visto que também são infinitas as situações comunicativas que requerem sua utilização.

Na vida diária, a interação social ocorre por meio de gêneros textuais específicos que o usuário utiliza, disponíveis num acervo de textos constituído ao longo da história pela prática social, e não simplesmente por meio de tipologias textuais, como a narração, a descrição ou a dissertação. A escolha do gênero textual depende da intenção do sujeito e da situação sociocomunicativa em que está inserido: quem ele é, para quem escreve, com que finalidade e em que contexto histórico ocorre a comunicação.

Imagine o cotidiano de uma executiva. Ao acordar, ela deixa um bilhete para o filho que ainda está dormindo e uma lista de compras para a empregada, que se atrasou. Chegando ao escritório, na sua rotina diária, escreve *e-mails* e cartas comerciais, dá telefonemas e organiza reuniões. Todos esses textos que ela produz, orais e escritos, são gêneros textuais (bilhete, lista de compras, *e-mail*, telefonema, carta comercial e reunião).

Segundo Marcuschi, os gêneros surgem emparelhados a necessidades e atividades socioculturais e na relação com as inovações tecnológicas. A

LEITURA E PRODUÇÃO TEXTUAL **11**

intensidade do uso das novas tecnologias e sua interferência nas atividades comunicativas diárias motivam a explosão de novos gêneros e novas formas de comunicação, quer na oralidade, quer na escrita (2002, p. 19-34). Por exemplo, o *site,* o *blog,* o *chat,* o *e-mail* e as aulas virtuais são gêneros recentes advindos da presença marcante de um novo suporte tecnológico na comunicação: a internet.

Os gêneros textuais exercem um papel fundamental no processo de interação entre os indivíduos. De acordo com Bakhtin, "se não existissem os gêneros do discurso e se não os dominássemos, se tivéssemos de criá-los pela primeira vez no processo da fala, se tivéssemos de construir cada um de nossos enunciados, a comunicação verbal seria quase impossível" (1992, p. 302). Por isso, existem tantos gêneros orais ou escritos quantas são as situações sociais em que o indivíduo está inserido.

Conforme Bronckart, os gêneros textuais constituem ações de linguagem que requerem do produtor uma série de decisões. A primeira é a escolha que deve ser feita a partir do rol de gêneros existentes, ou seja, ele optará por aquele que lhe parecer mais adequado ao contexto e à intenção comunicativa; a segunda decisão é a aplicação, na qual o produtor poderá acrescentar algo ao gênero escolhido ou recriá-lo (1999). Isso significa que o produtor pode valer-se dos gêneros que circulam socialmente e modificá-los conforme a situação de comunicação em que serão utilizados, ou até mesmo criar um novo gênero a partir de um já existente. Por exemplo, o gênero textual *e-mail* pode derivar do bilhete, da carta pessoal ou da carta comercial.

Em virtude da extrema heterogeneidade dos gêneros, produto da diversidade de relações sociais que se estabelecem na vida humana, Bakhtin (1992) os agrupa em dois tipos: primários (simples) e secundários (complexos).

Na visão do autor, os gêneros textuais primários emanam das situações de comunicação verbal espontâneas, não elaboradas. Pela informalidade que os diferencia, já que são produzidos em situações simples, pode-se afirmar que eles mantêm uma relação mais imediata com a realidade existente. Isso ocorre nos enunciados da vida cotidiana, como em diálogos com a família, cartas, bilhetes, reuniões de amigos e diários íntimos.

Por sua vez, ainda conforme Bakhtin, os gêneros secundários surgem nas condições da comunicação cultural mais complexa, organizada e principalmente escrita. Ou seja, trata-se de uma forma de uso mais elaborada da linguagem. O gênero funciona como instrumento para construir uma ação verbal em situações de comunicação que se constituem nas esferas sociais mais formalizadas e, relativamente, mais evoluídas: artística, cultural e política. Os gêneros secundários absorvem e modificam os primários (1992, p. 281). Entre os gêneros secundários, citam-se como exemplos o livro didático, o romance, o editorial, a tese, a palestra, o anúncio e o texto instrucional.

1.1 Agrupamento dos gêneros textuais

Schneuwly, Dolz e colaboradores agrupam os gêneros textuais a partir das capacidades de linguagem dominantes dos sujeitos nas seguintes ordens: *relatar*, *narrar*, *argumentar*, *expor* e *descrever ações* ou *instruir/prescrever ações* (2004, p. 60-61). Observe a seguir:

a) **Relatar:** volta-se à documentação e memorização de ações humanas. Mostra experiências vividas, situadas no tempo (relato, notícia, diário, reportagem, crônica esportiva, biografia etc.).

b) **Narrar:** representa uma recriação do real. Isso pode ser visualizado na literatura ficcional (conto, conto fantástico, conto maravilhoso, romance, fábula, apólogo etc.).

c) **Argumentar:** diz respeito à discussão de problemas controversos. O que se busca é a sustentação de uma opinião ou sua refutação, tomando uma posição (debate, editorial, carta argumentativa, artigo de opinião, discurso de defesa, carta do leitor etc.).

d) **Expor:** refere-se à apresentação e construção de diferentes formas dos saberes (texto explicativo, artigo científico, verbete, seminário, palestra, entrevista de especialista etc.)

e) **Descrever ações** ou **instruir/prescrever ações:** diz respeito às normas que devem ser seguidas para atingir algum objetivo (instruções e prescrições). Indica a regulação mútua de comportamentos (receita, manual de instruções, regulamento, regras de jogo etc.).

1.2 Produção de gêneros textuais e níveis de linguagem

Para a produção de um gênero, o autor pode valer-se de diferentes níveis de linguagem, como a linguagem *familiar*, *comum*, *cuidada* ou *oratória*. A escolha do nível depende da intenção do produtor e da condição sociocultural do interlocutor. Veja os níveis, de acordo com Vanoye (1996, p. 30-32):

➡ a) **Linguagem familiar:** corresponde a um nível menos formal, mais cotidiano da língua. O vocabulário obedece relativamente às normas gramaticais. Utiliza-se esse nível de linguagem nos gêneros oriundos de situações mais informais, como em conversas familiares ou com amigos, em cartas familiares, bilhetes, entre outros.

➡ b) **Linguagem comum:** emprega um conjunto de palavras, expressões e construções mais usuais, com uma sintaxe acessível ao leitor comum, ou seja, é simples, mas segue a norma padrão da língua escrita. É usada em artigos de opinião, editoriais, anúncios publicitários, notícias etc.

➡ c) **Linguagem cuidada:** usa um vocabulário mais preciso e raro, com uma sintaxe mais elaborada que a comum. Emprega-se em cartas comerciais, editais, artigos científicos, entre outros gêneros.

➡ d) **Linguagem oratória:** cultiva os efeitos sintáticos, rítmicos e sonoros; também usa imagens. Utiliza-se esse nível de linguagem em sermões, discursos etc.

O papel dos gêneros textuais tem sido reconhecido como fundamental na interação sociocomunicativa e, em vista disso, eles passaram a nortear o ensino da língua, especialmente o trabalho com análise, interpretação e produção de textos. Essa abordagem favorece o desenvolvimento da competência linguística e discursiva e, consequentemente, amplia a participação social do indivíduo. Por isso, os Parâmetros Curriculares Nacionais (1999) preconizam o ensino da leitura e produção de textos a partir de gêneros textuais.

Resumindo • • • • • •

Os gêneros textuais:

• surgem das necessidades presentes nas atividades socioculturais e na relação com inovações tecnológicas;

• são fenômenos sociais que se concretizam em determinada situação comunicativa e sócio-histórica;

• pode-se dizer que são ilimitados;

• classificam-se em primários e secundários;

• podem relatar, narrar, argumentar, expor e descrever ações ou instruir/prescrever ações;

• valem-se geralmente da linguagem familiar, comum, cuidada ou oratória.

1.3 Atividades

I. Leia os textos que seguem e resolva as atividades.

TEXTO 1: O CORCEL DA FEITICEIRA

Um Cabo de Vassoura, que por muito tempo tinha servido a uma feiticeira como corcel, reclamava da natureza do seu trabalho, o qual considerava degradante.

– Muito bem, te darei um trabalho que estará associado com o intelecto – disse a Feiticeira. – Você estará em contato com cérebros. Eu te apresentarei para uma dona de casa.

– O quê? Você considera intelectual as mãos de uma dona de casa? – disse o Cabo de Vassoura.

– Eu me referi à cabeça que manda no seu bom homem – disse a Feiticeira.

BIERCE, Ambrose. The Witch's Steed. In: ____. *Fantastic Fables*. Nova York: G. P. Putnam's Sons, 1899. Disponível em: <http://www.gutenberg.org/files/374/374-h/374-h.htm>. Acesso em: 20 out. 2009. – Trad. de Cesar da Fonseca Giugno.

TEXTO 2: MUNDO MELHOR

Quem sabe de maus tratos a crianças, idosos e animais e não denuncia é conivente com o crime. Apelo para que as pessoas denunciem, para que possamos viver num mundo melhor, com respeito aos indefesos.

T.C.M. (Empresária – Porto Alegre)

DO LEITOR. *Zero Hora*, Porto Alegre, p. 2, 25 jun. 2009.

TEXTO 3: I-JUCA-PIRAMA

[...]
Por casos de guerra caiu prisioneiro
Nas mãos dos Timbiras: – no extenso terreiro
Assola-se o teto, que o teve em prisão;
Convidam-se as tribos dos seus arredores,
Cuidosos se incubem do vaso das cores,
Dos vários aprestos da honrosa função.

DIAS, Gonçalves. I-Juca-Pirama. In: _____. *Poemas de Gonçalves Dias*. 12. ed. Rio de Janeiro: Ediouro, 1996. p. 76.

LEITURA E PRODUÇÃO TEXTUAL

TEXTO 4: MANCHAS NAS MÃOS

Começaram a surgir pequenas manchas escuras nas minhas mãos. Quais os tratamentos mais efetivos?

O melhor período para realizar o tratamento é o inverno. Como ficam algumas marcas no tratamento das manchas senis, também chamadas de lentigos solares, o recomendado é que os pacientes não tomem sol depois de alguns procedimentos que lesam a pele. Entre os mais efetivos para esse problema estão a crioterapia e os *lasers*.

Na crioterapia, as manchas são tratadas com um equipamento especial, que usa um produto para fazer um resfriamento localizado das lesões. É comum haver bolhas e crostas, que duram, em média, de 15 a 20 dias, podendo ficar algumas manchas residuais por um certo tempo.

O tratamento com *laser* é mais rápido, sendo que o *laser* de *ruby* (Sinon) é considerado um dos mais efetivos. Depois de qualquer tipo de tratamento, é importante o uso de filtro solar (HEXSEL, Dóris. Manchas nas mãos. *Zero Hora*, Porto Alegre, 20 jun. 2009. Viva melhor, p. 45).

TEXTO 5: *SOFTWARE* PERMITE LEITURA A CEGOS

Programa gratuito está disponível na página do Ministério da Educação

Com ajuda da tecnologia, cegos redescobrem o prazer da leitura. Um conjunto de programas, batizado de *MecDaisy*, permite transformar qualquer formato de texto disponível no computador em texto digital falado. O *software* está disponível, sem custo, no portal do Ministério da Educação (MEC).

Desenvolvido em parceria com a Universidade Federal do Rio de Janeiro (UFRJ), o *MecDaisy* foi lançado em 24 de junho e ainda passará por adaptações. Baseado no padrão internacional *Daisy – Digital Accessible Information System*, que significa Sistema de Informação de Acesso Digital –, traz sintetizador de voz (narração) e instruções em português.

A tecnologia permite que o usuário leia qualquer texto, a partir de narração ou adaptação em caracteres ampliados, além de oferecer opção de impressão em braile. O programa ainda descreve figuras, gráficos e imagens. Já apelidado de livro eletrônico, permite navegar pelo índice, pelo texto, pelas páginas, como se estivesse folheando uma obra de papel. Com o acesso ao *MecDaisy*, qualquer pessoa com o mínimo de conhecimento em computação pode produzir livros digitais falados e ler as obras com mais autonomia.

Por enquanto, o *software* oferece menos de cem livros traduzidos para a linguagem oral. Até o final do ano, pelo menos outros cem estarão traduzidos. Para a criação do *software*, o MEC investiu R$ 680 mil (BERTINETTI, Giacomo. Software permite leitura a cegos. *Zero Hora*, Porto Alegre, p. 54, 03 jul. 2009).

TEXTO 6: MUSSE DE MARACUJÁ

Ingredientes:

1 lata de leite condensado

2 caixas de creme de leite

1 copo de suco concentrado de maracujá

Modo de fazer:

Junte todos os ingredientes e bata no liquidificador até obter uma mistura homogênea. Sirva gelado.

TEXTO 7: JUNTE-SE A NÓS, FAÇA PARTE DESSA HISTÓRIA!

O *Correio Riograndense* completa, em 2009, um século de circulação ininterrupta. Um dos mais importantes itens da programação alusiva à data é a publicação de uma edição especial. Serão no mínimo 100 páginas que contarão a história do jornal e sua importante influência na formação humana e profissional, na evolução cultural, religiosa, econômica e social.

Desde já, estamos convidando-o a se associar a esta iniciativa editorial. Crescemos juntos, e sua empresa, seu município ou sua entidade tem o direito de estar presente nessa edição histórica.

Correio Riograndense

Rua Alexandre Rizzo, 534 – Bairro Desvio Rizzo – CEP: 95110-000 – Caxias do Sul – RS

www.correioriograndense.com.br

JUNTE-SE a nós, faça parte dessa história! *Correio Riograndense*, Caxias do Sul, p. 7, 13 maio 2009.

1) Os títulos dos gêneros textuais presentes na segunda coluna referem-se aos textos anteriores. Preencha os parênteses com os números da primeira coluna, indicando o gênero a que pertence cada texto.

(1) poema

(2) miniconto

(3) receita culinária

(4) anúncio publicitário

(5) notícia

(6) texto explicativo

(7) carta do leitor

a) ( ) *O corcel da feiticeira*

b) ( ) *Mundo melhor*

c) ( ) *I-Juca-Pirama*

d) ( ) *Manchas nas mãos*

e) ( ) *Software permite leitura a cegos*

f) ( ) *Musse de maracujá*

g) ( ) *Junte-se a nós, faça parte dessa história!*

2) Indique o fato principal apresentado no texto 1 e as personagens envolvidas.

3) No primeiro texto, o tempo e o espaço são indeterminados. Levando em conta os fatos narrados, imagine onde e quando eles aconteceram.

4) Os textos 1 e 3 pertencem à mesma ordem, entretanto, se diferenciam quanto à forma de apresentação. Explique essa afirmação.

5) Qual dos textos responde a uma questão do saber? Justifique sua opção.

6) Qual é a finalidade do texto 2? Apresente um argumento que comprove sua resposta.

7) Aponte, entre os itens, as características dos textos 5 e 6.
(   ) Relata um acontecimento.
(   ) Orienta o leitor.
(   ) Revela imparcialidade.

8) Como se observa, Schneuwly, Dolz e colaboradores agrupam os gêneros considerando as capacidades de linguagem dominantes dos sujeitos. Com base nisso, indique qual ou quais dos textos lidos pertencem às ordens que seguem. Justifique sua resposta.

a) Relatar:

b) Narrar:

c) Argumentar:

d) Expor:

e) Descrever ações ou instruir/prescrever ações:

Tipologias textuais 2

As tipologias textuais são ferramentas essenciais a serviço dos gêneros textuais, e seu domínio é fundamental no trabalho com leitura e produção de textos. Nesse sentido, os Parâmetros Curriculares Nacionais (1999) destacam que a exploração do texto precisa levar em conta a função social dos gêneros, e recomendam que as tipologias sejam estudadas no interior de cada gênero.

De acordo com Marcuschi, as tipologias textuais designam uma espécie de sequência teoricamente definida pela natureza linguística predominante em sua composição – aspectos lexicais, sintáticos, tempos verbais e relações lógicas (2002, p. 22). As tipologias mais utilizadas na concretização dos gêneros textuais e que contribuem como suporte para sua produção são a narração, a descrição, a injunção, a dissertação, a predição, a explicação e o dialogal. Por exemplo, no artigo de opinião predomina a dissertação, mas esse gênero pode mesclar outras sequências, como a descrição e a narração. Isso quer dizer que os gêneros possuem uma heterogeneidade tipológica. Observe, a seguir, as características de cada uma das tipologias textuais.

2.1 Tipologia textual narrativa

A narração se caracteriza por relatar situações, fatos e acontecimentos, reais ou imaginários. Toda história mobiliza personagens, situados em um determinado tempo e lugar. Segundo Bronckart, a sequência narrativa é sustentada por um processo de intriga que consiste em selecionar e organizar os acontecimentos de modo a formar um todo, uma história ou ação completa, com início, meio e fim (1999, p. 219-220).

Nesse sentido, o esquema narrativo pode ser dividido em:

➡ a) **situação inicial** ou **apresentação:** há uma situação estável;

➡ b) **complicação:** provocada por uma força perturbadora, que instaura um desequilíbrio;

LEITURA E PRODUÇÃO TEXTUAL 19

c) **clímax:** é o auge da narrativa, que vai determinar o final;

d) **desfecho:** retorna o equilíbrio.

Normalmente, os acontecimentos narrados seguem uma ordem cronológica. Portanto, na narração há anterioridade e posterioridade. Os tempos verbais mais empregados são o pretérito perfeito, o pretérito imperfeito e o pretérito mais-que-perfeito do indicativo. Exemplo:

O HOMEM SEM INIMIGOS

Um Homem Inofensivo caminhava num lugar público quando foi assaltado e severamente espancado por um Estranho com um Porrete.

Quando o Estranho com um Porrete foi a julgamento, o queixoso disse ao Juiz:

– Eu não sei por que fui assaltado; eu não tenho nenhum inimigo no mundo.

– Foi por isso que eu bati nele – disse o réu.

– Ponham o prisioneiro em liberdade – disse o Juiz. – Um homem que não tem inimigos não tem também amigos. E as cortes não foram feitas para julgar esses casos.

BIERCE, Ambrose. The Man with No Enemies. In: ___. *Fantastic Fables*. Nova York: G. P. Putnam's Sons, 1899. Disponível em : <http:// www.gutenberg.org/files/374/374-h/374-h.htm>. Acesso em: 20 out. 2009. – Trad. de Joel Erthal.

O texto é um *miniconto* de Ambrose Bierce. Nele predomina a sequência narrativa, uma vez que conta um fato: o protagonista, do sexo masculino – *um Homem Inofensivo* –, caminhava num local público. Há também a presença de um antagonista denominado *Estranho com um Porrete.* O autor utiliza iniciais maiúsculas para nomear essas personagens, tornando-as seres únicos, que se distinguem dos demais.

Não fica claro em que momento ou época os fatos narrados ocorrem. Quanto ao espaço, o narrador menciona que o assalto acontece em um lugar público e o julgamento, em uma corte. Os eventos articulam-se numa progressão temporal, com apresentação (*Um Homem Inofensivo caminhava num lugar público*), complicação (*quando foi assaltado e severamente espancado por um Estranho com um Porrete*), clímax (*Quando o Estranho com um Porrete foi a julgamento*) e desfecho (*Ponham o prisioneiro em liberdade – disse o Juiz*). No desfecho, fica claro que não cabe à Corte julgar homens que não têm inimigos nem amigos, provavelmente, por serem insignificantes.

O conto utiliza termos que se referem ao mundo real, como *homem, lugar público* e *porrete*. Predominam os verbos no pretérito perfeito (*foi, disse, fui, bati, foram*); há também verbos no presente (*sei, tenho, tem*) e no pretérito imperfeito do indicativo (*caminhava*).

LEITURA E PRODUÇÃO TEXTUAL

2.2 Tipologia textual descritiva

A descrição, segundo Vilela e Koch, consiste na exposição das propriedades, qualidades e características de objetos, ambientes, ações ou estados (2001, p. 549). Ela possibilita ao leitor a visualização do objeto apresentado, que passa a ser concebido mentalmente, a partir de um processo linear de observação.

A tipologia textual descritiva é construída de forma concreta e estática, sem progressão temporal. Segundo Marquesi, a primeira condição para saber descrever é saber olhar (2004, p. 70). Nessa tipologia, observa-se a presença de adjetivos ou locuções adjetivas e advérbios. As palavras assumem uma grande força descritiva, por isso há o cuidado com o léxico. Predominam os verbos de estado, no presente ou no pretérito imperfeito do indicativo. A descrição sempre desempenha um determinado papel em um gênero específico: exemplificação, nos gêneros argumentativos; ambientação e apresentação de um personagem, nos gêneros narrativos. Exemplo:

MEL

Mencionado na Bíblia e no Alcorão, o mel era valorizado na Antiguidade por suas propriedades medicinais e por ser praticamente a única fonte de açúcar disponível.

Mel é um produto doce, fluido, de cor dourada escura, produzido por vários tipos de abelhas a partir do néctar das flores ou de outras secreções vegetais. As plantas das quais o néctar é coletado determinam o sabor e a cor do mel: da acácia, da tília e do trevo produz-se um mel claro e doce; da laranjeira, do rosmaninho e da alfazema, um mel com perfume característico; e das regiões de floresta, um mel geralmente escuro.

O néctar se transforma em mel pela inversão de sua sacarose em levulose (frutose) e dextrose (glicose) e pela remoção da umidade excessiva. O mel é armazenado na colmeia em favos que são camadas duplas de células hexagonais feitas de cera secretada pelas abelhas operárias. No inverno, o mel serve como alimento para as larvas e outros membros da colônia (MEL. In: NOVA Enciclopédia Barsa. 6. ed. São Paulo: Barsa Planeta Internacional, 2002. v. 9, p. 416-417).

Mel é um gênero denominado *verbete de enciclopédia*. Nele predominam as sequências descritivas, pois objetiva mostrar como é o produto. O texto situa o alimento no contexto histórico, define-o e descreve todas as suas propriedades e características: *um produto doce, fluido, de cor dourada escura, produzido por vários tipos de abelhas a partir do néctar das flores ou de outras secreções vegetais.*

Essa descrição é construída de forma estática, e não se observa progressão temporal. Predominam os verbos no presente do indicativo (*é, determinam, produz-se, transforma, são, serve*). Constata-se, também, a presença de adjetivos ou locuções adjetivas (*doce, fluido, de cor dourada escura; claro e doce; com perfume característico; escuro*) que contribuem para a caracterização do produto.

2.3 Tipologia textual dissertativa

A tipologia dissertativa tem o propósito de construir uma opinião de modo progressivo (DELFORCE, 1992). Para isso, o enunciador vale-se de uma argumentação coerente e consistente: expõe os fatos, reflete a respeito de uma questão, tece explicações, apresenta justificativas, avalia, conceitua e exemplifica.

A dissertação se baseia em uma tese sobre um assunto específico, que possibilita a inclusão de novos dados, direcionados para uma conclusão ou nova tese. Apresenta as razões que devem ser consideradas para aceitar ou não determinada tese.

Essa tipologia utiliza o poder de convencimento para que o leitor tome uma determinada posição em relação ao tema. O tempo verbal mais usado é o presente do indicativo, pois aborda um assunto que faz parte do contexto comunicativo em que se situa o enunciador.

A tipologia dissertativa faz uso de operadores argumentativos que possibilitam articular o texto com coerência e coesão. A coerência permite que uma sequência linguística constitua-se em um texto, e não num agrupamento desconexo de frases ou palavras. Por sua vez, a coesão é responsável pela interdependência interna do texto, ligando seus elementos. Exemplo:

SOBRE ZH

Parabenizo a iniciativa da RBS com a campanha *Crack, nem pensar*. É imprescindível o apoio da imprensa no combate às drogas; uma excelente oportunidade de conscientizar a sociedade de que a educação é a melhor forma de prevenção nas famílias e escolas, mostrando os efeitos fisiológicos, psicológicos e sociais dos entorpecentes. Assim, teremos um eficaz combate às drogas e à violência.

A.X.C. (Policial – Encantado)

SOBRE ZH. *Zero Hora*, Porto Alegre, p. 2, 03 jul. 2009.

LEITURA E PRODUÇÃO TEXTUAL

O texto constitui-se numa *carta do leitor*. O remetente elogia a campanha *Crack, nem pensar*, promovida pela RBS, e destaca a importância do apoio da imprensa no combate às drogas.

Na carta, a tipologia textual de base é a dissertativa, pois o policial mostra seu ponto de vista a respeito da campanha, valendo-se de argumentos para fundamentar sua opinião: a educação é a melhor maneira de combater com eficácia as drogas e a violência. Como o enunciador discute um assunto atual, emprega o presente do indicativo na construção de seu ponto de vista (*parabenizo, é*).

2.4 Tipologia textual injuntiva

A injunção, segundo Travaglia, tem por finalidade incitar à realização de uma situação, requerendo-a ou desejando-a, ensinando ou não como realizá-la. Constitui-se sobretudo no discurso do fazer (ações) e do acontecer (fatos, fenômenos). Para o autor, na injunção, a informação se refere a algo a ser feito ou a como deve ser feito. Cabe ao interlocutor fazer aquilo que se solicita ou se determina que seja realizado, em um momento posterior ao da enunciação (1991, p. 50-55). Por isso, normalmente, predominam os verbos no modo imperativo, que podem aparecer também de forma implícita.

A tipologia textual injuntiva está presente em gêneros como as receitas, os manuais e as instruções de uso e montagem, os textos de orientação (leis de trânsito) e os textos doutrinários. Conforme o referido autor, nessa tipologia inclui-se ainda a optação, que consiste no discurso da expressão do desejo, e, neste caso, o locutor não tem controle sobre a realização da situação (*Que Deus te ajude!*). Exemplo:

LETRAS (Genérico: "ESCRITA CERTA")

4mg

Apresentação

USO ADULTO – Livros e escritos diversos

FÓRMULA

Palavras 1mg

Poesia 1mg

Encantamento 1mg

Leituras 1mg

Informações ao candidato

LETRAS apresenta uma composição recheada de envolvimento com a arte da leitura e da escrita.

Validade

Validade inicial de 4 anos, a contar da data de ingresso. Após esse período, validade por tempo indeterminado.

Indicações

Indicado para pessoas que buscam expressar beleza e imprimir felicidade e verdade em sua vida, através da expressão oral e escrita.

Precauções

Deve ser evitado por quem não ama os livros e a força da palavra, sob o risco de não chegar ao fim do curso, devendo, nesse caso, optar por outro, mais adequado às suas necessidades.

Interação com outras áreas

Recomenda-se evitar a interação com a preguiça pela busca do saber, em geral. O uso concomitante com qualquer outra área é altamente benéfico, proporcionando maiores e mais emocionantes descobertas.

Reações adversas

LETRAS costuma ser muito bem tolerado, apenas causando sono, mal-estar, náuseas e a conhecida *poca voia** em indivíduos que não assimilarem os componentes da fórmula supracitada, ou que forem alérgicos à mesma.

Posologia

Frequentar 8 semestres ao primeiro sinal de encantamento pela palavra escrita. Para potencializar os efeitos benéficos, proceder à leitura de um livro a cada 2 dias, ou de 2 livros ao mesmo tempo.

Conduta na superdosagem

Até o momento, há inúmeros registros de superdosagem. Indivíduos graduados procuraram imediatamente cursos de pós-graduação, apresentando sintomas de maior fluência na língua e grande facilidade comunicativa.

Pacientes idosos

Imprescindível acrescentar sua bagagem de leitura ao curso, participando ativamente das aulas, na troca com colegas mais jovens.

ATENÇÃO! LETRAS vicia! Provoca um maior conhecimento do ser humano! Cuidado!

Tome a iniciativa de se inscrever no Curso de Letras. Será a garantia de um futuro promissor. Pense nisso!

* Pouca vontade.

FARMACÊUTICAS RESPONSÁVEIS

Acadêmica Raquel M.P. Copat

Acadêmica Simone de Fátima Aver

LABORATÓRIO

UCS/Carvi

Alameda João Dal Sasso – Bairro Universitário

Bento Gonçalves – RS – Fone: (54) 3452-1188

COPAT, Raquel M.P.; AVER, Simone de Fátima. Letras (genérico: "escrita certa"). *Usina das Letras*, Caxias do Sul, ano 1, n. 2, p. 11. – Adaptado

A *bula* consiste em um gênero textual que acompanha um medicamento e apresenta todas as informações necessárias ao usuário. O texto *LETRAS* (*Genérico: "ESCRITA CERTA"*) foi calcado em uma bula de remédio.

Nesse texto, predomina a tipologia textual injuntiva, pois as autoras induzem o leitor à realização de uma ação: frequentar a graduação em Letras, apresentando orientações a respeito do curso. Segue relativamente a mesma estrutura de uma bula tradicional: a fórmula do curso, as informações ao candidato, o tempo de duração, para quem é indicado, as precauções, a interação com áreas afins, as reações adversas, a indicação das doses das disciplinas e de leitura, a conduta na superdosagem, as advertências aos interessados idosos e um alerta final.

O gênero, portanto, apresenta informações ao leitor com o intuito de instigá-lo a cursar Letras em um momento posterior ao da enunciação.

2.5 Tipologia textual explicativa

A explicação utiliza e sistematiza informações já existentes e possibilita ao leitor compreender melhor tais informações, a partir de uma investigação. Veja o exemplo: *Sabe-se que a gordura trans causa prejuízos à saúde. O que é gordura trans?*

Segundo Vilela e Koch, a organização do texto explicativo nasce da pergunta que se põe a um determinado problema: qual é o problema? Como e por que surgiu o problema? Questiona-se sobre o que é obscuro; depois vem a explicação e, em seguida, a compreensão (2001, p. 548). O tempo verbal predominante é o presente do indicativo, pois responde a uma questão da ordem do saber. Essa tipologia apresenta um significativo emprego de adjetivos, advérbios, operadores argumentativos, repetições, modalizadores e comparações. Exemplo:

CARNE BRANCA OU CARNE ESCURA

Famoso na ceia de Natal, o peru começa a tomar conta dos supermercados. Mas o que é melhor comer: a carne branca do peito ou a carne mais escura das coxas?

O que dizem os especialistas:

As diferenças nutricionais entre as duas não são tantas. Em geral, o que faz um corte de peru – ou qualquer outro tipo de ave – mais escuro do que outro é o tipo de músculo que contém. A carne é mais escura se tem níveis mais altos de mioglobina, um composto que permite que os músculos transportem oxigênio, necessário para atividades que gastem energia. Como perus e galinhas não voam e andam bastante, a carne da perna deles é mais escura, enquanto suas asas e peitos são brancos. Muitas pessoas escolhem carne branca por causa do seu conteúdo menos calórico. Comparada com a branca, a carne escura contém mais ferro, zinco, riboflavina, tiamina e vitaminas B6 e B12. Ambas têm menos gordura do que a maioria dos cortes de carne vermelha. Então, não tem como escolher errado (CARNE branca ou carne escura. *Zero Hora*, Porto Alegre, 01 dez. 2007. Vida, p. 3).

Carne branca ou carne escura pertence ao gênero *texto explicativo*. Predomina a tipologia textual explicativa, pois o enunciador responde a uma questão da ordem do saber (*Mas o que é melhor comer: a carne branca do peito ou a carne mais escura das coxas?*). Ele explicita a questão e diz que, segundo os especialistas, as diferenças nutricionais entre a carne branca do peito e a carne mais escura das coxas não são tantas: *o que faz um corte de peru mais escuro do que outro é o tipo de músculo que contém.*

O enunciador apresenta uma solução ao afirmar que *ambas têm menos gordura do que a maioria dos cortes de carne vermelha,* e ressalta que a carne branca é menos calórica e a escura contém mais nutrientes.

Verifica-se o uso de operadores argumentativos (*mas, enquanto, então*), a fim de estabelecer relações entre os segmentos do texto. Observa-se ainda o predomínio do presente do indicativo (*começa, é, são, contém, permite, voam*), pois o texto apresenta um problema atual que faz parte do contexto comunicativo em que se situa o enunciador.

2.6 Tipologia textual preditiva

A predição, conforme Travaglia, é uma antecipação de situações cuja realização será posterior ao tempo da enunciação. Constitui sempre uma descrição, narração ou dissertação futura em que o locutor/enunciador, no seu dizer, faz uma previsão (1991, p. 60). Essa tipologia está presente nas profecias, nas previsões científicas (mudanças climáticas, aquecimento global), nos boletins meteorológicos, nos horóscopos, nas previsões em geral, nos prenúncios de eventos, comportamentos e situações. Exemplo:

O REINO DO MESSIAS

A justiça será como o cinto de seus rins, e a lealdade circundará seus flancos. Então o lobo será hóspede do cordeiro, a pantera se deitará ao pé do cabrito, o touro e o leão comerão juntos, e um menino pequeno os conduzirá; a vaca e o urso se fraternizarão, suas crias repousarão juntas, o leão comerá palha com o boi. A criança de peito brincará junto à toca da víbora, e o menino desmamado meterá a mão na caverna da áspide. Não se fará mal nem dano em todo o meu santo monte. Porque a terra estará cheia da ciência do Senhor, assim como as águas recobrem o fundo do mar (Is 11,5-9: O Reino do Messias. *Bíblia sagrada*. 47. ed. São Paulo: Ave Maria, 1985).

Esse texto é um fragmento da *profecia* do livro de Isaías, retirado da Bíblia Sagrada. A tipologia textual de base é a preditiva, pois há uma previsão de um evento futuro: *a justiça será como o cinto de seus rins, e a lealdade circundará seus flancos*. Profetiza que, para aqueles que acreditam no Senhor, não haverá mal algum.

Para predizer a paz que se estabelecerá entre os seres humanos, a profecia vale-se das características de animais que são inimigos naturais: lobo e cordeiro; pantera e cabrito; touro e leão; vaca e urso; leão e boi. Predominam os verbos no futuro (*será, deitará, comerão, conduzirá, fraternizarão, repousarão, comerá, brincará, meterá, fará, estará*), pois a concretização das ações será posterior ao tempo da enunciação.

2.7 Tipologia textual dialogal

A tipologia textual dialogal acontece em gêneros nos quais apareçam no mínimo dois interlocutores que efetuam trocas verbais. Os interlocutores cooperam na produção do texto, uma vez que este se constrói através da interação verbal, em que um enunciado determina o enunciado do outro.

Para Bronckart, a tipologia dialogal concretiza-se somente nos segmentos de discursos interativos dialogados. Esses segmentos estruturam-se em turnos de fala que, nos discursos interativos primários, são diretamente assumidos pelos agentes-produtores envolvidos em uma interação verbal (*– Oi, como vai? / – Bem, e você?*). Por sua vez, nos discursos interativos secundários, os turnos de fala são atribuídos às personagens postas em cena no interior de um discurso principal ou englobante (1999, p. 230-231). Isso se verifica nos romances em que são inseridos diálogos entre as personagens. Exemplo:

– Como vai a saúde do velho Aurélio? – perguntou o Padre Giobbe, satisfeito de ter escrito há pouco o seu nome, porque a memória não o ajudava.

– Melhor, mais animado.

– E a tua esposa?

– Vai indo bem, também. *Grazie.*

– Já está esperando filho?

POZENATO, José Clemente. *O quatrilho*. Porto Alegre: Mercado Aberto, 1985. p. 64.

Esse texto é um fragmento da obra *O quatrilho*, de José Clemente Pozenato, que pertence ao gênero *romance*. Nesse fragmento, constata-se a presença da tipologia dialogal, pois verificam-se turnos de fala entre o padre Giobbe e seu interlocutor (– *E a tua esposa?* / – *Vai indo bem, também. Grazie*). Como as falas das personagens estão no interior do romance, classifica-se o discurso interativo como secundário.

Resumindo • • • • • •

A tipologia textual:

• constitui uma sequência definida pela natureza linguística predominante em sua composição;

• narrativa: relata situações, fatos, acontecimentos, reais ou imaginários;

• descritiva: apresenta propriedades, qualidades, características de objetos, ambientes, ações ou estados;

• dissertativa: constrói uma opinião de forma progressiva, utilizando uma argumentação coerente e consistente;

• injuntiva: objetiva incitar à realização de uma situação;

• explicativa: faz compreender um problema da ordem do saber, a partir da investigação de uma evidência;

• preditiva: é uma descrição, narração ou dissertação futura em que o enunciador antecipa situações cuja realização será posterior ao tempo da enunciação;

• dialogal: concretiza-se nos discursos interativos dialogados.

2.8 Atividades

I. Nos enunciados que seguem, pode-se observar a presença de diferentes tipologias textuais. Numere os parênteses de acordo com o código de cada tipologia:

(1) narrativa

(2) descritiva

(3) dissertativa

(4) explicativa

(5) dialogal

(6) injuntiva

(7) preditiva

a) (   ) Livros e cadernos estavam espalhados sobre a mesa.

b) (   ) Cultive a ética, pois ela é fundamental em todas as profissões.

c) (   ) O referencial teórico é essencial na produção de um trabalho científico, já que os pressupostos teóricos fundamentam a análise.

d) (   ) Incorpore em sua vida quatro sentimentos positivos: a compaixão, a generosidade, a alegria e o otimismo.

e) (   ) As palavras mal empregadas podem ter efeitos mais negativos do que os traumas físicos.

f) (   ) Depois da palestra do escritor Fabrício Carpinejar sobre Machado de Assis, com certeza, os acadêmicos não serão mais os mesmos.

g) (   )   – Olá! Como vai?

– Tudo certo.

h) (   ) O perdão é o melhor remédio para quem guarda mágoas e ressentimentos.

i) (   ) Vitamina é um composto orgânico biologicamente ativo, necessário ao organismo em quantidades muito reduzidas para manter os processos vitais. Como as enzimas, representa um autêntico biocatalisador, que intervém em funções básicas dos seres vivos, como o metabolismo, o equilíbrio mineral do organismo e a conservação de certas estruturas e tecidos (NOVA Enciclopédia Barsa. Rio de Janeiro/São Paulo: Encyclopaedia Brittannica do Brasil, 1997. v. 14, p. 410-411).

j) (   ) Ao acertar os seis números da loteria, Paulo foi para casa, entrou calado no quarto e dormiu.

LEITURA E PRODUÇÃO TEXTUAL

II. Leia os textos que seguem e diga qual a tipologia de base. Justifique sua resposta.

✍ **TEXTO 1: CCHE/UCS** – Qual o papel da memória na aprendizagem?

Professor Lucas – De certa maneira, memória e aprendizagem são a mesma coisa do ponto de vista das neurociências, pois os mecanimos celulares e moleculares são os mesmos. Entretanto, há vários tipos de memória, como a divisão entre Memória Declarativa, para fatos e também para episódios de nossa vida, e Não Declarativa, para hábitos, movimentos e ações que executamos automaticamente, sem precisar pensar. É possível, dessa maneira, especular que o que a educação chama de "aprendizagem" seria a formação de uma Memória Não Declarativa a partir de uma Declarativa. Esse é justamente um dos aspectos que tenho me dedicado a investigar nos últimos anos.

CCHE/UCS – É possível aumentar a capacidade de memória e de aprendizagem dos adultos?

Professor Lucas – Como qualquer parte do nosso corpo, nosso sistema nervoso melhora com exercícios. É possível exercitar alguns aspectos diretamente, com palavras cruzadas ou *sudoku* (jogo de raciocínio e lógica), por exemplo, ou trabalhar de uma maneira mais ampla, lendo. Eu sempre recomendo que se leia o máximo possível, sobre qualquer coisa e em qualquer contexto. Até bula de remédio vale (OLIVEIRA, Lucas Fürstenau de. Aprendizagem e as neurociências. *Informativo CCHE*, Bento Gonçalves, ano 1, n. 1, p. 1, 01 jun. 2009).

✍ **TEXTO 2:** Se o homem não preservar o meio ambiente, evitando a poluição da água, do ar e do solo, a natureza se rebelará contra o próprio homem.

✍ **TEXTO 3:** ESPÉCIE ESTÁ AMEAÇADA DE EXTINÇÃO

Das 20 mil espécies de abelhas que existem em todo o planeta, apenas cerca de 400 são sem ferrão. Sem predadores a ameaçar sua existência, elas evoluíram perdendo a capacidade de ferroar e injetar veneno. Contudo, mantêm formas inusitadas de defesa como se enroscar nos cabelos, morder ou colocar secreções ácidas sobre a pele das pessoas, o que causa grande irritação e ardência.

De acordo com a Embrapa, com a devastação de áreas naturais, as perdas da espécie são consideráveis. O mais grave é que se acredita que cerca de 90% da polinização das árvores nativas são feitas pelas abelhas sem ferrão. "Se esses insetos forem extintos, porão em risco a reprodução de espécies vegetais nos biomas brasileiros", avalia a bióloga e pesquisadora da Embrapa Semiárido, Márcia de Fátima Ribeiro.

Com o objetivo de preservar as abelhas sem ferrão ameaçadas de extinção, como a mandaçaia e manduri, a Embrapa criou o projeto "Conservação dos Recursos Genéticos de Animais Silvestres da Aquicultura e da Apicultura". Três centros de pesquisa da Embrapa (Amazônia Oriental, Meio-Norte e Semiárido) estão envolvidos no plano de ação.

A bióloga Márcia de Fátima Ribeiro explica que o monitoramento dos criadouros, com registro das ações e orientações de manejo, é uma estratégia do projeto para conservar essas abelhas. As instituições também irão manter estruturas como bancos ativos de germoplasma para criar espécies em cativeiro. No centro de pesquisa, uma parte da criação será mantida em ninhos no Laboratório de Abelhas Nativas (ESPÉCIE está ameaçada de extinção. *Correio Riograndense*, Caxias do Sul, p. 13, 01 abr. 2009).

TEXTO 4:

Seu futuro é você quem ESCREVE.
LETRAS ajuda você a escrevê-lo com sucesso.

Inscreva-se no Vestibular de Verão para o
CURSO DE LETRAS da UCS / CARVI
Bento Gonçalves

Conheça em que áreas o licenciado em Letras pode atuar:
- professor de língua materna e/ou estrangeira, e suas respectivas Literaturas;
- redator;
- revisor;
- assessor linguístico em jornais, agências, editoras e outros órgãos de comunicação;
- crítico literário.

Para mais informações, acesse o *site* da UCS (www.ucs.br).

UNIVERSIDADE DE CAXIAS DO SUL
CAMPUS UNIVERSITÁRIO DA REGIÃO DOS VINHEDOS

Letras: *aqui você escreve uma história de sucesso.*

TEXTO 5: ESCUDO DA TERRA

Gás filtra a radiação solar nociva à vida no planeta

Ozônio: vilão ou mocinho? Depende de onde se encontra! Próximo à superfície, é um dos gases que mais poluem o ar, mas na estratosfera, entre 20 e 40 quilômetros acima da superfície terrestre, forma uma camada com cerca de 15 quilômetros de espessura que absorve boa parte dos raios ultravioleta emitidos pelo sol, funcionando como um escudo protetor da vida.

Se não existisse o ozônio, apenas alguns minutos de exposição solar já causariam graves queimaduras e a população sofreria muito mais com câncer de pele e catarata. Animais e plantas também seriam afetados negativamente. Tamanha é sua importância que, em 16 de setembro, o mundo inteiro celebra o Dia Internacional para a Proteção da Camada de Ozônio, instituído em 1995 (ESCUDO da Terra. *Correio Riograndense*, Caxias do Sul, p. 16, 09 set. 2009).

TEXTO 6:

– Perdão, senhor, estava distraído procurando minha mulher.

– Coincidência, eu também procuro pela minha!

– Como é sua esposa?

– Morena, alta, olhos verdes, corpo de violão. Está com um vestido preto, com decote grande. E a sua?

– Esquece, vamos procurar a sua!

RIA se puder. *Correio Riograndense*, Caxias do Sul, 12 ago. 2009. Sabe-tudo, p. 16. – Adaptado

TEXTO 7: VITAMINA DE LARANJA

Ingredientes:

1 laranja

1 copo de água gelada

1 colher de semente de linhaça

10 gotas de adoçante

Modo de preparo:

Descasque uma laranja, corte-a em cubos e coloque-a no liquidificador. Acrescente a água, a linhaça e o adoçante. Bata até obter uma mistura homogênea. Sirva em copos.

TEXTO 8: A tarde era de sol, mas Teresa sentia os dedos enregelados. O vento cortava como navalha e fazia-lhe o nariz gotejar com uma ardência agradável. Caminhava depressa, saltando as pedras da estreita trilha que levava à casa de prima Pierina, cuidando para não quebrar os ovos que levava de presente na *spòrtola**. Sentia o coração disparar, latejando na garganta. Era a mesma sensação que tinha, quando pequena, ao subir no banco da cozinha para roubar açúcar: os ouvidos assustados com o menor barulho, o gosto de pecado na boca, a fugida de algumas horas para a mãe não perceber em seus olhos o roubo proibido. A menos de cinquenta metros, no fim de uma subida, viu a casa da prima (POZENATO, José Clemente. *O quatrilho*. Porto Alegre: Mercado Aberto, 1985. p. 50).

*Cesta de mão, feita de palha de trigo.

LEITURA E PRODUÇÃO TEXTUAL

Artigo de opinião 3

O artigo de opinião consiste em um gênero textual que se vale da argumentação para analisar, avaliar e responder a uma questão controversa. Ele é publicado em jornais, revistas e na internet, e expõe a opinião de um articulista, que pode ser uma autoridade no assunto abordado ou uma pessoa reconhecida na sociedade. Geralmente, discute um tema atual de ordem social, econômica, política ou cultural, relevante para os leitores. Conforme Rodrigues, nesse gênero interessa menos a apresentação dos acontecimentos sociais em si, mas a sua análise e a posição do autor (2007, p. 174).

Bräkling define o artigo de opinião como um gênero discursivo no qual se busca convencer o outro sobre determinada ideia, influenciando-o e transformando seus valores por meio da argumentação a favor de uma posição, e de refutação de possíveis opiniões divergentes. Para a autora, é um processo que prevê uma operação constante de sustentação das afirmações, realizada por meio da apresentação de dados consistentes (2000, p. 226-227). Embora o produtor do artigo se constitua numa autoridade sobre o que é dito, muitas vezes ele busca outras vozes para a construção de seu ponto de vista. Apoia-se ainda nas evidências dos fatos que corroboram a validade do que diz.

Esse gênero pertence à ordem do *argumentar*, uma vez que o sujeito enunciador assume uma posição a respeito de um assunto polêmico e a defende. De acordo com Perelman, a argumentação objetiva provocar ou aumentar a adesão do interlocutor às teses apresentadas ao seu consentimento (1988, p. 23). O processo interativo se sustenta pela construção de um ponto de vista. Segundo Rodrigues, no artigo de opinião, os participantes da interação reconhecem e assumem o trabalho avaliativo do autor (2007, p. 171).

As características do contexto de produção (local de circulação e interlocutor) determinam a configuração do artigo. Normalmente, situa-se na seção destinada à emissão de opiniões, e sua publicação tem certa periodicidade, isto é, pode ser semanal, quinzenal ou mensal. O espaço físico que esse gênero ocupa é limitado, normalmente de meia a uma página, dependendo do veículo de publicação.

LEITURA E PRODUÇÃO TEXTUAL 33

Na produção do artigo, o autor pode optar por uma linguagem cuidada ou comum; a escolha depende do público a que se destina o texto. Para a manutenção da coerência temática e da coesão, o produtor pode valer-se de operadores argumentativos (elementos linguísticos que orientam a sequência do discurso: mas, porém, conforme, portanto, além disso etc.) e dêiticos (este, agora, hoje, neste momento, ultimamente, recentemente, ontem, há alguns dias, antes de, de agora em diante). O tempo verbal predominante é o presente do indicativo.

Nesse gênero, a tipologia textual de base é a dissertativa. Cada parágrafo, habitualmente, contém um argumento que dá suporte à conclusão geral. Evidencia-se a dialogicidade no processo de produção: o autor coloca-se no lugar do leitor e antevê suas posições para poder refutá-las. Ou seja, ele justifica suas afirmações, tendo em vista possíveis questões ou conclusões contrárias, suscitadas pelo destinatário.

3.1 Estrutura

Para a produção de um artigo de opinião, é necessário que haja um problema a ser discutido e seja proposta uma solução ou avaliação. Assim, o artigo de opinião pode ser estruturado da seguinte forma: *situação-problema*, *discussão* e *solução-avaliação*. Veja:

➡ a) **Situação-problema:** coloca a questão a ser desenvolvida para guiar o leitor ao que virá nas demais partes do texto. Busca contextualizar o assunto a ser abordado por meio de afirmações gerais e/ou específicas. É comum, nesse momento, evidenciar o objetivo da argumentação que será sustentada ao longo do artigo, bem como a importância de discutir o tema.

➡ b) **Discussão:** expõe os argumentos e constrói a opinião a respeito da questão examinada. Conforme Guedes, todo texto dissertativo precisa argumentar, ou seja, apresentar provas a favor da posição assumida e provas para mostrar que a posição contrária está equivocada. Os argumentos baseiam-se nos conceitos apresentados, na adequação dos fatos para exemplificar esses conceitos, bem como na correção do raciocínio que estabelece relação entre conceitos e fatos (2002, p. 313). Para evitar abstrações, faz-se uso da exposição de fatos concretos, dados e exemplos, com o emprego de sequências narrativas, descritivas e explicativas, entre outras.

LEITURA E PRODUÇÃO TEXTUAL

c) **Solução-avaliação:** evidencia a resposta à questão apresentada, podendo haver a reafirmação da posição assumida ou a apreciação do assunto abordado. Nessa parte, não se faz a apresentação de um simples resumo ou mera paráfrase das afirmações anteriores.

3.2 Tipos de argumentos

Para dar consistência argumentativa ao artigo de opinião, pode-se utilizar diferentes argumentos. De acordo com Köche, Pavani e Boff, os principais tipos de argumentos são: *de autoridade, de consenso, de provas concretas* e *de competência linguística* (2008, p. 68-71).

a) Argumento de autoridade

O argumento de autoridade consiste na citação de autores renomados ou de autoridades no assunto para comprovar uma ideia, uma tese ou um ponto de vista. Seu emprego torna o discurso mais consistente, pois outras vozes reforçam o que o produtor de um texto quer defender. Quando se discute um assunto ligado à educação, por exemplo, pode-se usar citações de Paulo Freire, um nome reconhecido na área.

Para Koch (1993, p. 157), a utilização de provérbios, máximas, ditos populares e expressões consagradas também são exemplos de argumentos de autoridade.

b) Argumento de consenso

O argumento de consenso consiste no uso de proposições evidentes por si mesmas ou universalmente aceitas como verdade. Não se pode confundir argumento baseado no consenso com lugares comuns sem base científica e de validade discutível. Por exemplo, a afirmação de que a educação é o alicerce do futuro constitui uma verdade. Porém, quando se diz que o brasileiro é preguiçoso, não se parte de um consenso geral, mas de um preconceito.

c) Argumento de provas concretas

O argumento de provas concretas apoia-se em fatos, dados estatísticos, exemplos e ilustrações para comprovar a veracidade do que se diz. Ao se afirmar, por exemplo, que uma determinada instituição oferece serviços de qualidade, obtém-se maior aprovação do que é dito quando fatos concretos comprovam essa afirmação.

d) **Argumento de competência linguística**

O argumento de competência linguística consiste no emprego da linguagem adequada à situação de interlocução. A escolha dos vocábulos, locuções e formas verbais, entre outros aspectos linguísticos, é essencial para que ocorra a interação entre o autor e seu leitor. Por exemplo, um advogado, ao defender uma causa perante um juiz, utilizará a norma culta e a terminologia específica de sua área.

Resumindo • • • • • •

O artigo de opinião:

- responde a uma questão controversa;
- expõe o ponto de vista de um jornalista ou colaborador de jornal, revista ou *site* da internet;
- usa argumentos consistentes para defender uma posição;
- procura obter a adesão do interlocutor;
- evidencia a dialogicidade no processo de produção;
- pertence à ordem do *argumentar*;
- emprega a linguagem comum ou cuidada;
- faz uso de operadores argumentativos e dêiticos;
- utiliza o presente como tempo verbal predominante;
- apresenta a dissertação como tipologia de base;
- constitui-se das partes: *situação-problema*, *discussão* e *solução-avaliação*;
- pode valer-se dos argumentos *de autoridade*, *de consenso*, *de provas concretas* e *de competência linguística*.

3.3 Análise de um artigo de opinião

A VOVÓ NA JANELA

Cada sociedade tem a educação que quer. A nossa é péssima, antes de tudo porque aceitamos passivamente que assim seja, além de não fazermos a nossa parte em casa como pais.

1 Em uma pesquisa internacional sobre aprendizado de leitura, os resultados da Coreia pareciam errados, pois eram excessivamente elevados.

2 Despachou-se um emissário para visitar o país e checar a aplicação. Era isso mesmo. Mas, visitando uma escola, ele viu várias mulheres do lado de fora das

janelas, espiando para dentro das salas de aula. Eram as avós dos alunos, vigiando os netos, para ver se estavam prestando atenção nas aulas.

3   A obsessão nacional que leva as avós às janelas é a principal razão para os bons resultados da educação em países com etnias chinesas importantes. A qualidade do ensino é um fator de êxito, mas, antes de tudo, é uma consequência da importância fatal atribuída à educação pelos orientais.

4   Foi feito um estudo sobre níveis de estresse de alunos, comparando americanos com japoneses. Verificou-se que os americanos com notas muito altas eram mais tensos, pois não são bem vistos pelos colegas de escolas públicas. Já os estressados no Japão eram os estudantes com notas baixas, pela condenação dos pais e da sociedade.

5   Pesquisadores americanos foram observar o funcionamento das casas de imigrantes orientais. Verificou-se que os pais, ao voltar para casa, passam a comandar as operações escolares. A mesa da sala transforma-se em área de estudo, onde todos se sentam, sob seu controle estrito. Os que sabem inglês tentam ajudar os filhos. Os outros – e os analfabetos – apenas vigiam. Os pais não se permitem o luxo de outras atividades e abrem mão da televisão. No Japão, é comum as mães estudarem as matérias dos filhos, para que possam ajudá-los em suas tarefas de casa.

6   Fala-se do milagre educacional coreano. Mas fala-se pouco do esforço das famílias. Lá, como no Japão, os cursinhos preparatórios começam quase tão cedo quanto a escola. Os alunos mal saem da aula e têm de mergulhar no cursinho. O que gastam as famílias pagando professores particulares e cursinhos é o mesmo que gasta o governo para operar todo o sistema escolar público.

7   Os exemplos acima lançam algumas luzes sobre o sucesso dos países do Leste Asiático em matéria de educação. Mostram que tudo começa com o desvelo das famílias e com sua crença inabalável de que a educação é o segredo do sucesso. Países como Coreia, Cingapura e Taiwan não gastam muito mais do que nós em educação. A diferença é o empenho da família, que turbina o esforço dos filhos e força o governo a fazer sua parte.

8   Curioso notar que os nipo-brasileiros são 0,5% da população de São Paulo. Mas ocupam 15% das vagas da USP. Não obstante, seus antepassados vieram para o Brasil com níveis baixíssimos de educação.

9   Muitos pais brasileiros de classe média achincalham a nossa educação. Mas seu esforço e sacrifício pessoal tendem a ser ínfimos. Quantos deixam de assistir à televisão para assegurar-se de que seus pimpolhos estão estudando? Quantos conversam frequentemente com os filhos? As pesquisas mostram que tais gestos têm um impacto enorme sobre o desempenho dos filhos. Se a família é a primeira linha de educação e apoio à escola, que lições estão os mais educados dando às famílias mais pobres?

10   O Ministério da Saúde da União Soviética reclamava contra o Ministério da Educação, pois julgava que o excesso de horas de estudo depois da escola e nos fins de semana estava comprometendo a saúde da juventude. Exatamente a mesma queixa foi feita na Suíça.

11   No Brasil, uma pesquisa recente, em escolas particulares de bom nível, mostrou que os alunos do último ano do Ensino Médio indicaram dedicar uma hora por dia aos estudos – além das aulas. Outra pesquisa indicou que os jovens assistem diariamente a quatro horas de televisão. Esses são os alunos que dizem estar se preparando para vestibulares impossíveis.

12   Cada sociedade tem a educação que quer. A nossa é péssima, antes de tudo porque aceitamos passivamente que assim seja, além de não fazermos a nossa parte em casa. Não podemos culpar as famílias pobres, mas e a indiferença da classe média? Está em boa hora para um exame de consciência. Estado, escola e professores têm sua dose de culpa. Mas não são os únicos merecendo puxões de orelha (CASTRO, Cláudio de Moura. A vovó na janela. In: ____. *Crônicas de uma educação vacilante*. Rio de Janeiro: Rocco, 1985, p. 266-268).

O texto de Castro é um artigo de opinião. A tipologia textual de base é a dissertação, pois o produtor constrói uma opinião acerca da educação escolar.

Utiliza a linguagem comum, ou seja, um vocabulário simples, com sintaxe acessível ao leitor. Está redigido em terceira pessoa do singular e o tempo verbal predominante é o presente do indicativo (*é, transforma-se, sabem, vigiam, fala-se, ocupam, tem, são*). Há presença de operadores argumentativos para manter a coerência temática e a coesão textual (*mas, para, já, pois, para que, porque, além de*).

O texto estrutura-se em *situação-problema*, *discussão* e *solução-avaliação*.

A *situação-problema* apresentada por Castro consiste na seguinte questão: por que os países do Leste Asiático mostram bons resultados na educação, enquanto no Brasil o desempenho é ruim? Nos parágrafos 1-2, o autor expõe parte desta questão, e insere o problema da baixa qualidade do ensino brasileiro no decorrer do texto.

Na *discussão* (parágrafos 3-11), o autor coloca argumentos de provas concretas para defender sua posição com relação ao assunto: o esforço das famílias é determinante para uma educação qualificada. Para validar sua opinião, faz uso de descrições, exemplos e comparações que mostram o resultado da educação em países cujas famílias investem ou não na formação de seus filhos. Cita países como China, Japão, Coreia, Cingapura e Taiwan, em que o envolvimento da família com a aprendizagem dos filhos resulta em um bom desempenho escolar, e compara seu nível educacional com a baixa qualidade da educação brasileira.

Na *solução-avaliação* (parágrafo 12), Castro reafirma a posição assumida e ressalta que *cada sociedade tem a educação que quer*. Para o autor,

LEITURA E PRODUÇÃO TEXTUAL

a educação brasileira é péssima porque a sociedade aceita passivamente essa situação e não faz a sua parte. Encerra o texto chamando a atenção dos leitores para a responsabilidade das famílias frente à educação dos filhos.

Portanto, *A vovó na janela* configura-se como um artigo de opinião na medida em que discute um assunto polêmico e de interesse do leitor em geral.

3.4 Atividades

I. Leia o artigo que segue e resolva as questões.

A VIOLÊNCIA NA MÍDIA E AS CONSEQUÊNCIAS NA FORMAÇÃO DA CRIANÇA E DO JOVEM

1   Somos bombardeados diariamente pela violência divulgada pelos meios de comunicação de massa. São assaltos, acidentes de trânsito, homicídios, sequestros, brigas com vítimas, crimes bárbaros e tráfico de drogas, entre outros fatos violentos que nos atingem constantemente. Diante desse contexto marcado pela desvalorização da vida, surgem alguns questionamentos: qual o impacto da divulgação de cenas de violência sobre a personalidade da criança e do jovem? Em que medida a banalização de atos violentos pela televisão, internet, filmes, jogos de computador, *videogames*, cinema, jornais, revistas e emissoras de rádio, entre outras mídias, interfere no comportamento desses indivíduos?

2   Pereira Jr. cita um estudo da Unesco realizado em âmbito universal, a fim de avaliar o impacto da violência midiática sobre a criança, entre 1996 e 1997. A pesquisa constatou que a mídia serve de orientação principalmente quando outros meios de controle social e cultural não estão atuando e não constituem um padrão de conduta a ser seguido. Revelou, ainda, que a mídia molda o comportamento do público infantojuvenil quando não há referências fortes no ambiente familiar e escolar. Pereira Jr. salienta que, em tempos de crise das instituições educacionais, cresce consideravelmente a capacidade dos meios de comunicação de massa de influenciar condutas.

3   Nas últimas décadas, vários estudos mostraram uma forte relação entre a exposição de crianças e jovens à violência exibida pelos meios de comunicação de massa e o desenvolvimento de comportamentos agressivos e atitudes violentas. Entre essas pesquisas, Varella destaca a investigação realizada pela Universidade de Columbia. Uma das constatações foi que a prática de assaltos e o envolvimento em brigas com vítimas e homicídios, entre os 16 e os 22 anos, estão associados ao número de horas diárias que um adolescente com idade média de 14 anos fica diante da televisão. Observaram que, em adolescentes e adultos jovens expostos à TV por mais de três horas diárias, a possibilidade de cometer atos violentos contra terceiros aumentou cinco vezes em relação aos que assistiam durante menos de uma hora. Concluíram que, quanto maior a quantidade de horas diárias diante da televisão, mais comum é a prática de crimes violentos.

4   O *guia médico sobre violência na mídia*, produzido nos Estados Unidos, na década de 1990, reitera essa conclusão. Segundo o documento, várias organizações americanas, entre elas a *Academia de Psiquiatria da Infância e Adolescência* e o *Gabinete de Saúde Pública*, concluíram que o entretenimento violento gera comportamento violento. Destaca que a exposição à violência midiática torna crianças e jovens mais propensos a tomarem atitudes violentas para resolver situações problemáticas. Acrescenta que o contato frequente com a violência faz com que ela passe a fazer parte da rotina dessas pessoas, tornando-as menos sensíveis diante das manifestações de conduta violenta. Ressalta ainda que, em outros casos, a reação pode ser um pouco diferente: é possível ter pessoas atemorizadas, que enxergam a realidade como extremamente perigosa em virtude das descrições da mídia. Desse modo, fica claro que a banalização da violência traz graves consequências para a sociedade.

5   Todavia, o estudo esclarece que a presença da violência nos meios de comunicação de massa não é a única responsável por atos violentos na vida real. Fatores psicológicos e biológicos, como a pobreza, o desemprego, a desarmonia familiar e o consumo de drogas ilícitas também interferem na manifestação da agressividade.

6   O documento enfatiza ainda que as crianças adquirem conhecimento e valores também pela observação e imitação das demais pessoas. Ou seja, elas se espelham nos exemplos de que dispõem para aprender a atuar socialmente. Logo, considerando que as interferências massificadas da mídia sobre a cultura e a sociedade são amplas, fica evidente que os meios de comunicação de massa propiciam um repertório imenso de modelos a serem reproduzidos, que induzem comportamentos.

7   Como se observa, os pais não podem deixar a educação de seus filhos nas mãos da mídia. É imprescindível que prestem mais atenção nos produtos midiáticos com os quais crianças e jovens mantêm contato, bem como busquem informações mais detalhadas sobre esses meios de entretenimento.

8   É necessário também que os adultos reservem mais tempo para o diálogo e o convívio com a família. Os pais precisam participar das atividades de lazer que envolvam a mídia, pois isso lhes permitirá saber o que seus filhos estão absorvendo, e provocar a reflexão, a fim de evitar a incorporação passiva de atos violentos. Além disso, recomenda-se limitar o uso dos meios de comunicação de massa, prever outras atividades recreativas para a família, bem como evitar manter aparelhos como televisão e computador nos quartos dos filhos, pois isso possibilita maior controle do uso por parte dos pais.

9   Portanto, a violência divulgada pela mídia é um fator de risco. Para minimizar seu impacto negativo sobre o comportamento das crianças e jovens, os pais devem ser mais rigorosos na seleção dos produtos com os quais seus filhos terão contato. Por sua vez, cabe à mídia rever a qualidade dos meios de entretenimento que oferece aos seus consumidores e, ao poder público, estabelecer regras mais rígidas de controle.

Adiane F. Marinello

Referências

PEREIRA Jr., Antonio Jorge. *Impacto da violência midiática na formação da criança e do adolescente*. Disponível em: <serv01.informacao.andi.org.br/-79c2f01_115d80a527a_-7ff0.pdf>. Acesso em: 16 set. 2009.

VARELLA, Dráuzio. *Violência na TV e comportamento agressivo*. Disponível em: <http://drauziovarella.ig.com.br/artigos/violencia.asp>. Acesso em: 10 jul. 2009.

WALSH, David; GOLDMAN, Larry S. & BROWN, Roger. *Physician Guide to Media Violence*. Trad. do Departamento de Psiquiatria e Medicina Legal da UFRGS. American Medical Association, 1996. Disponível em: <http://www.ufrgs.br/psiq/vio_guia.html>. Acesso em: 14 jul. 2009.

1) Considerando o sentido dos vocábulos no texto, relacione a segunda coluna de acordo com a primeira.

(a) homicídios (*parágrafo* 1)	( ) proibidas pela lei
(b) banalização (*parágrafo* 1)	( ) vulgarização
(c) âmbito (*parágrafo* 2)	( ) comportamento
(d) conduta (*parágrafo* 2)	( ) domínio
(e) atemorizadas (*parágrafo* 4)	( ) elevar ao máximo
(f) ilícitas (*parágrafo* 5)	( ) amedrontadas
(g) interferências (*parágrafo* 6)	( ) assassinatos
(h) limitar (*parágrafo* 8)	( ) tornar mínimo
(i) minimizar (*parágrafo* 9)	( ) influências
	( ) restringir

2) Com base nas características do gênero, explique por que o texto *A violência na mídia e as consequências na formação da criança e do jovem* constitui-se num artigo de opinião.

3) Esse artigo trata de um tema polêmico. Qual é a questão abordada?

4) O artigo de opinião apresenta um estudo americano sobre as repercussões do entretenimento violento. Segundo esse documento, quais são as consequências da banalização da violência pela mídia no comportamento humano?

5) De acordo com o artigo de opinião, por que a mídia é capaz de induzir a conduta das crianças?

6) A pesquisa da Universidade de Columbia, citada por Varella, constitui um argumento de provas concretas. Justifique essa afirmação.

7) O texto utiliza um estudo da Unesco, citado por Pereira Jr., como argumento para mostrar o impacto da violência midiática sobre a criança. Conforme essa pesquisa, em que situação(ões) o poder de orientação da mídia é maximizado?

8) Qual o alerta que o artigo faz aos pais em relação aos produtos midiáticos? Por quê?

9) Além da banalização da violência pela mídia, que outros fatores podem ocasionar a violência na sociedade?

10) Que medidas devem ser tomadas, de acordo com o artigo, para tornar mínimo o impacto negativo da violência midiática sobre as crianças e os jovens?

11) O artigo de opinião estrutura-se em *situação-problema*, *discussão* e *solução-avaliação*. Aponte essas partes no texto, indicando o número dos parágrafos.

a) *Situação-problema*:

b) *Discussão*:

c) *Solução-avaliação*:

12) Com relação ao texto, assinale com **V** a assertiva verdadeira e com **F** a falsa.

a) (   ) A linguagem presente no artigo de opinião é a comum, uma vez que o autor emprega um vocabulário acessível ao leitor.

b) (   ) A tipologia textual de base presente no artigo é a explicativa, pois ele investiga um problema da ordem do saber.

c) (   ) O tempo verbal predominante é o presente do indicativo, visto que o texto discute um problema atual.

d) (   ) O texto emprega um vocabulário distante e informal.

e) (   ) No artigo, existem marcadores de linguagem oral (*tá*, *pra* etc.).

13) Faça um resumo do artigo *A violência na mídia e as consequências na formação da criança e do jovem.*

II. **Produção textual**

Pesquisas espaciais mostraram que é possível existir vida fora da Terra. Recentemente, foi descoberto que há água em Marte, portanto, o homem poderia viver nesse planeta.

Suponha que você possui um empreendimento imobiliário e gostaria de vender um terreno em Marte. Produza um artigo de opinião, empregando argumentos consistentes para convencer o leitor sobre as vantagens de adquirir esse imóvel. Imagine que seu texto será publicado em um jornal regional.

A notícia do jornal *Zero Hora*/RS, apresentada a seguir, poderá servir de subsídio para a produção de seu artigo. Procure mais informações em outras fontes, como a entrevista com Edwin Aldrin, intitulada *Hora de voltar à Lua*, publicada na revista *Veja* do dia 09 de julho de 2008.

TEM ÁGUA EM MARTE

Testes realizados por equipamento da sonda Phoenix, da Nasa, que desde maio vasculha o solo marciano, confirmaram a presença do produto, aumentando a esperança de que haja vida fora da Terra.

– Temos água em Marte. A frase de William Boynton, cientista da Universidade do Arizona e responsável por um dos instrumentos da sonda Phoenix, reacendeu a esperança do homem de encontrar vida fora da Terra. Ontem, a Nasa anunciou que testes realizados pela sonda que desde maio esquadrinha o solo do ártico marciano confirmaram a existência da substância no planeta vermelho. Segundo os técnicos, é a primeira vez que a presença da água é provada quimicamente.

Para surpresa dos cientistas, que esperavam mais uma amostra seca em sua última tentativa de levar solo marciano a um dos instrumentos da sonda, havia alguns cristais de gelo de água em meio à areia do planeta recolhida pelo braço robótico da Phoenix.

A amostra na qual foi confirmada a presença de água foi extraída de uma perfuração de cerca de cinco centímetros no solo de Marte, onde o braço robótico se deparou com uma rígida camada de material congelado. Na quarta-feira, dois dias depois de exposta ao ambiente marciano, a água da amostra começou a evaporar, o que facilitou a observação.

– Nós tínhamos evidências de gelo antes, em observações da sonda Mars Odyssey e por pedaços que desapareceram (do solo de Marte) no mês passado, mas essa é a primeira vez em que a água em Marte é tocada e testada – destacou Boynton.

A análise foi feita no instrumento Tega, uma espécie de forno que "cozinha" as amostras em temperaturas diferentes e analisa sua composição com base nas moléculas que evaporam. Com isso, é possível identificar os elementos químicos.

Resultados considerados empolgantes devem surgir conforme os dados forem analisados, nos próximos dias. A Phoenix poderá até detectar certos compostos orgânicos – espécie de "tijolo" de que a vida é feita – em meio às amostras.

– Marte está trazendo algumas surpresas – disse Peter Smith, investigador principal da missão (TEM água em Marte. *Zero Hora*, Porto Alegre, 01 ago. 2008. Geral, p. 46).

Carta argumentativa 4

A carta argumentativa é um gênero textual no qual o emissor se dirige a um receptor específico para reclamar, solicitar algo ou emitir uma opinião. No primeiro caso, o sujeito envia uma carta para falar sobre um problema; no segundo, a fim de pedir providências na resolução do problema já relatado ou solicitar a concessão de algum benefício. Em ambas as situações, normalmente, a carta é endereçada a uma autoridade. No terceiro caso, para emitir uma opinião, o emissor expressa seu ponto de vista e tenta persuadir um interlocutor específico de que ele está equivocado, buscando argumentos para convencê-lo de que a sua posição é a correta. Geralmente, esta carta é dirigida a um jornal ou a uma revista.

Esse gênero textual pertence à ordem do *argumentar*. De acordo com Vigner (1988), a argumentação consiste no conjunto de procedimentos linguísticos utilizados a nível do discurso, a fim de sustentar uma afirmação, obter adesão ou justificar a tomada de uma posição.

A justificativa, portanto, pode ser considerada um dos componentes essenciais da argumentação. Segundo Garcia-Debanc, a justificativa constitui-se em um ato que tem por objetivo facilitar ou causar a aceitação do que se deseja por um interlocutor. Para a autora, argumentar consiste em dispor os argumentos, as razões, numa ordem que seja mais favorável para obter adesão a uma tese defendida. É dar as razões para crer ou fazer crer (1986, p. 11). Isso quer dizer que, ao escrever uma carta argumentativa, empregam-se todos os argumentos e recursos disponíveis para explicitar o raciocínio e efetivar o processo de convencimento e persuasão.

A linguagem usada nessa carta pode variar entre comum e cuidada. Na comum, os vocábulos utilizados são de fácil compreensão; na cuidada, a linguagem é mais trabalhada e o vocabulário mais seleto, com uma sintaxe elaborada. A escolha vai depender do destinatário da carta e do objetivo do emissor. O tempo verbal comumente empregado é o presente do indicativo, pois esse gênero aborda questões vinculadas ao seu contexto de produção.

A carta argumentativa apresenta a seguinte estrutura: *local e data, vocativo, corpo do texto, despedida* e *assinatura*. Observe:

➡ a) **Local e data:** constam no início da carta, à esquerda, e especificam cidade, dia, mês e ano da emissão da carta (Bento Gonçalves, 19 de fevereiro de 2009).

➡ b) **Vocativo:** apresenta o tratamento adequado ao receptor (Prezado Senhor, Magnífico Reitor, Ilustríssimo Diretor).

➡ c) **Corpo do texto:** em um parágrafo inicial, coloca o assunto e a finalidade da carta, de modo objetivo e direto. Após, em novo(s) parágrafo(s), segue a explicitação do que foi exposto. Nesta parte, o emissor vale-se de argumentos consistentes para convencer o receptor.

➡ d) **Despedida:** é sempre cordial. Em uma carta de solicitação, ela é afetuosa para manter uma interlocução mais efetiva com o receptor (na certeza de sermos atendidos, agradecemos; contando com seu pronto atendimento; esperando contar com sua compreensão; no aguardo de sua resposta, desde já agradeço etc.).

➡ e) **Assinatura:** consta o nome completo do emissor, seguido de sua identificação profissional (acadêmico da UCS, professor, advogado etc.).

Resumindo • • • • •

A carta argumentativa:

• é um gênero textual que reclama, solicita ou emite uma opinião;

• pertence à ordem do *argumentar*, com intenção persuasiva;

• emprega a linguagem comum ou cuidada;

• utiliza, predominantemente, o presente do indicativo;

• apresenta a estrutura: *local e data, vocativo, corpo do texto, despedida* e *assinatura*.

4.1 Análise de uma carta argumentativa

Bento Gonçalves, 15 de setembro de 2008.

Excelentíssimo Ministro da Educação

1   O preocupante panorama educacional brasileiro que vislumbramos angustia a todos os segmentos da sociedade. Ante essa situação, dirijo-me a Vossa Excelência para manifestar minha opinião e solicitar providências.

2   Nos últimos anos, houve avanços na contenção da evasão escolar e na erradicação do analfabetismo. Segundo dados do IBGE (2008), entre 2006 e 2007 ocorreu uma queda do analfabetismo de 10,4% para 10% em pessoas com mais de quinze anos. Esse é um dado relevante, pois demonstra melhoria na qualidade de vida. Apesar disso, cerca de 14,1 milhões de brasileiros ainda são analfabetos. Creio, Senhor Ministro, que tal fato precisa ser encarado com seriedade.

3   Quero lembrá-lo de que o artigo 205 da Constituição Federal preconiza ser a educação "direito de todos e dever do Estado". No entanto, dados da Confederação Nacional da Indústria (CNI/2008) revelam que 61% dos operários que trabalham em fábricas no Brasil não têm educação básica completa, e 31% não concluíram o Ensino Fundamental. Assim, a realidade mostra que a legislação não está sendo efetivada.

4   No que se refere à formação docente, ainda há muito a ser feito. Investimentos significativos estão sendo realizados na educação continuada dos professores, com o intuito de qualificá-los e estimular o ingresso e a permanência na carreira. No entanto, o Censo Escolar/2007 constatou que 31,5% dos professores que atuam no Ensino Fundamental e Médio não têm curso universitário.

5   Observa-se que a preparação deficitária dos professores afeta diretamente o rendimento dos alunos. Estes, geralmente, memorizam o conteúdo, mas têm dificuldades em estabelecer relações com as situações do cotidiano. O desempenho insatisfatório evidencia-se nos resultados de 2007 do Índice de Desenvolvimento da Educação Básica (Ideb). Apesar de a média nacional, nas séries iniciais do Ensino Fundamental, numa escala de 0 a 10, ter subido de 3,8 pontos, em 2005, para 4,2, em 2007, dos 5.485 municípios avaliados, 53% obtiveram nota abaixo dessa média. Nas séries finais, o desempenho é ainda mais alarmante: a nota de 60% das cidades não alcançou os 4,2 pontos da média nacional.

6   Assim, os índices apontados revelam a precária qualidade do ensino, bem como a necessidade de mais investimentos na qualificação dos profissionais da educação, a fim de melhorar a formação dos estudantes. Portanto, solicito a Vossa Excelência que atente para as minhas considerações e implante com urgência medidas que recuperem o sistema educacional brasileiro.

Cordialmente,

Odete Maria Benetti Boff
Professora da UCS

Referências

A BATALHA da educação. *Zero Hora*, Porto Alegre, 8 abr. 2008. Editoriais, p. 16.

BRASIL/Ministério da Educação. Disponível em <http://portal.mec.gov.br> . Acesso em: 10 set. 2008.

A carta argumentativa foi produzida tendo em vista um interlocutor específico, o Ministro da Educação. A autora opina sobre o sistema educacional brasileiro e solicita mais investimentos.

A carta pertence à ordem do *argumentar,* e a tipologia textual de base é a dissertativa. A produtora vale-se de argumentos baseados em provas concretas para defender seu ponto de vista sobre o assunto abordado. Apresenta uma linguagem comum, com um vocabulário acessível e uma sintaxe simples.

A carta estrutura-se em: *local e data, vocativo, corpo do texto, despedida* e *assinatura.*

No *local e data*, a produtora especifica a cidade, o dia, o mês e o ano da emissão da carta (*Bento Gonçalves, 15 de setembro de 2008*)*;* no *vocativo*, coloca o tratamento apropriado ao receptor da carta (*Excelentíssimo Ministro da Educação*).

No *corpo do texto*, em um parágrafo inicial, a autora apresenta a justificativa e o objetivo da produção: manifestar sua opinião sobre o preocupante panorama educacional brasileiro e solicitar providências no que se refere a essa situação.

Na sequência, ela começa a expor os argumentos que fundamentam a opinião emitida no primeiro parágrafo. Inicialmente, aponta o controle da evasão escolar e a queda do analfabetismo como avanços significativos. Logo após, apresenta dados concretos que evidenciam a necessidade de medidas urgentes, uma vez que *cerca de 14,1 milhões de brasileiros ainda são analfabetos.*

Em seguida, a autora coloca outros dados concretos que mostram a dicotomia entre o que prega a legislação brasileira e a realidade educacional: legaliza-se, constitucionalmente, a educação como "*direito de todos e dever do Estado*", mas dados da CNI/2008 apontam que 61% dos operários das fábricas brasileiras não possuem educação básica completa, e 31% nem sequer concluíram o Ensino Fundamental.

Dando continuidade à carta, a remetente apresenta sua opinião a respeito da formação docente. Elogia os investimentos realizados na educação continuada dos professores, no entanto aponta um aspecto negativo: *o Censo Escolar/2007 constatou que 31,5% dos professores que atuam no Ensino Fundamental e Médio não têm curso universitário.*

A seguir, a autora coloca que em geral os estudantes memorizam os conteúdos trabalhados, porém não conseguem estabelecer relações com o dia a dia. No mesmo parágrafo, cita dados do Ideb para mostrar que, na maioria dos municípios avaliados, a qualidade da educação no Ensino Fundamental está muito abaixo da média, tanto nas séries iniciais quanto nas finais.

No último parágrafo, a produtora retoma as informações apresentadas anteriormente sobre a precária qualidade do ensino e solicita a atenção do governo no que se refere à qualificação dos profissionais da educação, a fim de melhorar a performance dos estudantes.

No fechamento da carta, utiliza uma *despedida* cordial e insere sua *assinatura*.

4.2 Atividades

I. Leia a carta argumentativa que segue e resolva as questões.

Bento Gonçalves, 16 de julho de 2008.

Excelentíssimo Secretário da Saúde do Estado do Rio Grande do Sul

1   O rápido crescimento do consumo de *crack* em nosso Estado preocupa a população, e constitui um dos seus piores problemas de saúde pública. Assim, decidi escrever-lhe para enfatizar a necessidade de tomar medidas urgentes, a fim de enfrentar e reverter esse preocupante quadro.

2   Uma pesquisa divulgada pelo jornal *Zero Hora*, em 6 de julho de 2008, revela que a disseminação do uso dessa droga no RS ocorreu nos últimos dois anos. A reportagem mostra que o número de dependentes dobrou de 2005 para cá, chegando a 50 mil, o equivalente a 0,47% da população gaúcha. Ou seja, há cerca de cinco usuários para cada grupo de mil habitantes.

3   Informações sobre apreensões de *crack* no Estado, publicadas naquele periódico, corroboram esses dados: em 2005, a polícia recolheu 20 quilos da pedra; em 2007, o volume atingiu 120 quilos. Estima-se que, até o final de 2008, a quantidade chegará a 200 quilos.

4   O acréscimo das apreensões de *crack* coincide com o aumento do número de internações de viciados nessa droga em clínicas, hospitais e centros terapêuticos gaúchos. De acordo com o jornal *Zero Hora*, no setor de Dependência Química do Hospital Psiquiátrico São Pedro, o índice atinge mais de 50%, chegando a 90% no setor destinado aos adolescentes.

5   À medida que avança o consumo de *crack* no RS, aumenta também a criminalidade entre os jovens. Um levantamento efetuado para o jornal *Zero Hora*, pelo

Departamento Estadual da Criança e do Adolescente, mostra que, em 2005, entre os garotos com registros de ocorrências ligadas a drogas, menos de 2% eram usuários de *crack*. Em 2008, o índice já chegou a 55%.

6   Como se observa, estamos diante de uma situação epidêmica que requer a urgente implementação de medidas voltadas ao tratamento dos viciados e à prevenção ao uso do *crack*. Entre essas ações, ressalta-se a necessidade de viabilizar um serviço público e gratuito de qualidade para o atendimento do dependente químico, pois geralmente a internação deve ser imediata e por longos períodos. É importante, ainda, propiciar acompanhamento e apoio aos usuários da droga, com informações e um programa que os insira em grupos de ajuda mútua, como os *Narcóticos Anônimos*.

7   Além disso, a administração pública precisa priorizar a prevenção, através de campanhas sistemáticas de esclarecimento e conscientização, sobretudo com a organização de programas que cheguem às comunidades. Esses programas poderão capacitar líderes dos diversos segmentos sociais, dando-lhes condições de identificar e orientar os usuários, prestar assistência e informações adequadas aos pais, familiares e amigos, bem como à comunidade em geral, e encaminhar os dependentes para um atendimento especializado.

8   Gostaria de lembrar, Senhor Secretário, que cabe ao poder público, em parceria com os diversos segmentos da sociedade, planejar ações para enfrentar essa epidemia que se alastra pelo Rio Grande do Sul.

9   Portanto, peço a Vossa Excelência que implante com urgência um projeto de prevenção e combate ao consumo de *crack* no Estado, e lidere iniciativas que ataquem de frente esse problema.

Atenciosamente,

Adiane Fogali Marinello
Professora da UCS

Referência

MELO, Itamar; ROCHA, Patrícia. A epidemia do crack. *Zero Hora*, Porto Alegre, 06 jul. 2008. Série especial. Disponível em <http://zerohora.clicrbs.com.br/zerohora/jsp/default2.jsp?uf=1&local=1&source=a2026885.xml&template=3898.dwt&edition=10206&section=67>. Acesso em: 16 set. 2009.

1) Considerando o sentido dos vocábulos no texto, apresente um sinônimo de:

a) enfatizar (*parágrafo 1*):

b) disseminação (*parágrafo 2*):

c) corroboram (*parágrafo 3*):

d) terapêuticos (*parágrafo 4*):

e) epidêmica (*parágrafo 6*):

f) insira (*parágrafo 6*):

g) mútua (*parágrafo 6*):

h) alastra (*parágrafo 8*):

2) Qual o propósito da carta dirigida ao Secretário da Saúde do Estado do Rio Grande do Sul?

3) O gênero apresenta clara intenção persuasiva. De que argumentos a autora se vale para convencer o receptor?

4) Qual é a tipologia textual de base dessa carta argumentativa? Justifique sua resposta.

5) Sublinhe no texto os pronomes que a autora utiliza para se dirigir ao receptor. Justifique seu emprego.

6) No *vocativo*, se o pronome utilizado fosse substituído por *Magnífico*, o tratamento continuaria apropriado ao receptor? Por quê?

7) Assinale o operador argumentativo que pode substituir *portanto* (parágrafo 9), sem prejudicar o sentido original do texto. Explique sua escolha.

( ) Consoante; ( ) no entanto; ( ) por conseguinte; ( ) contanto; ( ) assim.

8) Além do operador *portanto*, a enunciadora emprega outros operadores argumentativos para manter a coerência temática e a coesão. Aponte quatro exemplos presentes no corpo da carta e indique a relação estabelecida por eles.

9) Com relação à carta argumentativa, use **V** se a afirmação for verdadeira e **F** se for falsa.

a) ( ) Usa uma linguagem comum.

b) ( ) Prevalece o presente do indicativo, pois a carta apresenta uma situação problemática que faz parte do contexto comunicativo em que o autor se situa.

c) (   ) Os dados extraídos do jornal *Zero Hora*/RS constituem um argumento de consenso.

d) (   ) O aumento da criminalidade no Estado é proporcional ao avanço do consumo de *crack*.

e) (   ) Entre as ações para o acompanhamento dos usuários de *crack* está a criação de grupos de pesquisa relacionados ao consumo de drogas.

10) Faça um esquema do *corpo do texto*, colocando o problema, a discussão e as soluções apresentadas pela autora.

II. **Produção textual**

Produza uma carta argumentativa, pressupondo que o Presidente da República seja seu interlocutor. Solicite melhorias na saúde pública de nosso país, especialmente no que se refere ao fortalecimento do SUS (Sistema Único de Saúde) e dos programas de saúde preventiva, à ampliação do acesso, à qualidade do atendimento e dos serviços prestados e à recuperação do sistema hospitalar. Pesquise em jornais e revistas, impressos ou *online*, matérias sobre o tema para auxiliar na sua produção textual. Você pode consultar publicações sobre o assunto nos seguintes endereços eletrônicos:

<http://www1.folha.uol.com.br/folha/cotidiano/ult95u325461.shtml> – Acesso em: 20 out. 2009.

<http://www.agenciabrasil.gov.br/noticias/2007/08/29/materia.2007-08-29.5796393892/view> – Acesso em: 20 out. 2009.

<http://veja.abril.com.br/260907/p_076.shtml> – Acesso em: 20 out. 2009.

Comentário 5

O comentário consiste em um gênero textual que analisa determinado assunto, um fato ocorrido, uma questão polêmica, uma obra publicada, um filme, uma competição esportiva, entre outros objetos, tecendo considerações avaliativas.

Sua estrutura é relativamente livre, pois depende das intenções do autor, do veículo no qual será publicado e do interlocutor que almeja atingir. O comentário pode constituir-se de: *apresentação*, *descrição* e *avaliação*. Veja:

➡ a) **Apresentação:** contextualiza o objeto a ser comentado. Se for uma obra, coloca-se quem a produziu, quem participou e qual é o seu lugar no conjunto da produção.

➡ b) **Descrição:** mostra o objeto analisado e suas partes.

➡ c) **Avaliação:** faz a crítica ao que é mais significativo no objeto analisado, de modo progressivo e consistente.

No comentário, a tipologia de base é a dissertativa, pois apresenta um ponto de vista, sustentado pela argumentação. Pertence, portanto, à ordem do *argumentar*. Segundo Charolles, argumentar é fazer valer uma opinião, um julgamento ou uma ideia (1988, p. 7). Estabelece, assim, um modo de interação entre os indivíduos. Nesse gênero, a construção da opinião segue o raciocínio lógico do autor, a fim de convencer o interlocutor de que suas ideias são verdadeiras.

Além da tipologia de base usada na produção do gênero, há também o emprego de outras sequências textuais a serviço da argumentação, principalmente a descrição, para mostrar o objeto, e a narração, para relatar fatos.

No comentário, geralmente é utilizada a linguagem comum, com vocabulário fácil e sintaxe simples. O tempo verbal predominante é o presente do indicativo.

LEITURA E PRODUÇÃO TEXTUAL 53

Resumindo • • • • • •

O comentário:

- analisa um objeto e tece considerações avaliativas;
- estrutura-se geralmente em: *apresentação*, *descrição* e *avaliação*;
- emprega a dissertação como tipologia de base;
- pertence à ordem do *argumentar*;
- pode valer-se de outras sequências textuais;
- utiliza a linguagem comum;
- faz uso, predominantemente, do presente do indicativo.

5.1 Análise de um comentário

O SEGREDO

1   Produzido pelo cineasta Paul Harrington, em parceria com o diretor Drew Heriot, o filme *O segredo* (*The Secret*) tem como objetivo revelar à humanidade um mistério que, até então, somente algumas pessoas dominavam. Através da exposição de fatos históricos e relatos de cientistas, filósofos, escritores, entre outros, o documentário, lançado no Brasil em março de 2007, evidencia o poder da mente, afirmando que ela é capaz de tornar reais nossos desejos nos mais variados aspectos.

2   Dessa maneira, traz ao conhecimento do público a funcionalidade da lei da atração que age sobre cada ser, fazendo com que o mesmo atraia para si tudo aquilo que almejar. Segundo essa lei, somos os únicos seres vivos capazes de atrair tudo o que pensarmos e desejarmos, como um ímã, podendo concretizar todos os nossos objetivos. Isso acontece porque a mente e o universo trabalham em harmonia, de modo que exercemos um poder sobre ele e vice-versa. Assim, o filme torna público aquilo que acredita ser um mistério psíquico e social, dando oportunidade às pessoas de aprender a dominá-lo.

3   O mistério que *O segredo* quer revelar, entretanto, não consiste em nenhuma novidade. Todos sabem que devemos acreditar em nossos ideais, usando, positivamente, os nossos pensamentos para atraí-los. O que acontece, na realidade, é que, apesar de todos já terem conhecimento do fato, talvez nunca tenham refletido sobre ele, suas vantagens, possibilidades e caminhos.

4   Acredito que a grande contribuição do filme é a proposta de fazer com que cada um resgate sua autoestima e esperança. É certo que, por trás das câmeras, existe um jogo comercial muito grande, mas o intento dessa produção cinematográfica vem a

calhar perfeitamente no contexto social em que se insere, no qual presenciamos a descrença das pessoas com o mundo e consigo mesmas.

5   Nesse sentido, *O segredo* apresenta-se a seu público como um divisor de águas na história de cada um: a reflexão proposta abre caminhos para que possamos dar sentido novo às nossas vidas, além de sonhar, criar, pensar, imaginar e fazer acontecer. É importante que cada ser humano lute por sua realização pessoal e busque um estado de espírito que o agrade, que o deixe feliz. Sonhar, afinal, nada custa, e não impõe limites a ninguém.

Maura Coradin Pandolfo

Maura C. Pandolfo produz um comentário sobre o filme *O segredo*, no qual tece considerações sobre a validade dessa produção cinematográfica no contexto atual. Ressalta que a importância do filme reside no fato de realizar uma reflexão sobre a força do pensamento positivo na vida das pessoas.

No primeiro parágrafo, ocorre a *apresentação* do objeto analisado. A autora cita o nome da obra e dos seus realizadores (Paul Harrington e Drew Heriot), e afirma tratar-se de um documentário que foi lançado no Brasil em 2007. Expõe o objetivo do filme – revelar à humanidade o poder da mente humana – e uma breve síntese de seu conteúdo. Mostra que a sequência se dá através de relatos de cientistas, filósofos e escritores.

No segundo parágrafo, a autora faz a *descrição* do conteúdo do filme e explica como a lei da atração exerce seu poder sobre o indivíduo. Afirma que o filme revela um mistério psíquico e social, e oportuniza às pessoas que se beneficiem desse conhecimento.

Nos parágrafos que seguem (3, 4 e 5), Pandolfo faz a *avaliação* do documentário. Para ela, o mistério que o filme mostra não é nenhuma novidade, pois a maioria dos indivíduos já sabe que deve acreditar em seus ideais, mas pode ser que eles nunca tenham refletido sobre o assunto. Coloca que, por trás das câmeras, existe um jogo comercial, mas este vem ao encontro da descrença que as pessoas têm com o mundo e consigo mesmas.

Segundo a autora, o maior mérito do filme é a oportunidade que oferece às pessoas de resgatar a autoestima, a esperança e dar sentido às suas vidas. Ressalta também que é importante cada um buscar a concretização de seus sonhos e sua realização pessoal.

O texto analisado pertence à ordem do *argumentar*, pois a produtora constrói uma opinião a respeito do documentário. Para isso, usa predominantemente o presente do indicativo ao discutir o filme. Além da tipologia

LEITURA E PRODUÇÃO TEXTUAL

de base, que é a dissertação, faz uso da descrição para mostrar o conteúdo do filme: [...] *traz ao conhecimento do público a funcionalidade da lei da atração, que age sobre cada ser, fazendo com que o mesmo atraia para si tudo aquilo que almejar* [...].

O comentário foi produzido com uma linguagem comum, de fácil entendimento ao leitor, e faz uso de uma sintaxe simples, porém bem elaborada.

5.2 Atividades

I. Leia o comentário e resolva as questões que seguem.

O CORTIÇO

1   O filme *O cortiço* baseia-se no romance naturalista com o mesmo nome, de Aluísio de Azevedo. A obra cinematográfica foi produzida em 1977, e retrata, à semelhança do livro, a realidade da sociedade do século XIX. O filme foi dirigido por Franscisco Carvalho Jr., e tem duração de 110 minutos. Grandes atores da época em que foi produzido fazem parte de seu elenco, como Betty Faria, Mário Gomes e Antônio Pompeu.

2   O filme apresenta as mazelas de personagens comuns, moradores de um cortiço, no Rio de Janeiro. João Romão é um português ambicioso que, ao relacionar-se com a ex-escrava Bertoleza, busca apenas explorá-la com o intuito de conseguir cada vez mais dinheiro. Assim que obtém uma quantia considerável, compra algumas casas: é o início do cortiço João Romão.

3   Depois de iniciar tal negócio, o português tende apenas a prosperar, uma vez que não faltam moradores para as pequenas casas que vão sendo construídas. Perto do local, mora Miranda, personagem "nobre" que João Romão, dono do cortiço, toma como modelo para buscar cada vez mais posses. No cortiço, começam a aparecer tipos muito variados, como: Rita Baiana, uma mulata muito sensual; Firmo, o capoeirista com quem Rita é casada; Jerônimo, um português recém-chegado, que começa a ser seduzido pela mulata, apesar de ser casado; Machona, uma mulher com vários filhos, todos muito diferentes um do outro; Pombinha, uma moça que já era noiva, mas esperava menstruar para poder se casar.

4   Cabe destacar a sensibilidade do produtor na seleção dos personagens que são transpostos da obra literária para o filme, uma vez que elege apenas os mais representativos. Nesse aspecto, Carvalho Jr. foi muito feliz, dada a dificuldade para escolher os personagens de um romance em que até mesmo o espaço, um cortiço, adquire características humanas. Também retrata com muita propriedade as danças de Rita Baiana, descritas na obra.

5   Até não saber que João Romão tinha um bom dinheiro aplicado na Caixa Econômica Federal, Miranda desprezava-o por sua mesquinhez e simplicidade. Porém, ao

saber da quantia que o português possuía, tenciona casá-lo com sua filha, uma vez que o próprio Miranda não era nobre, apenas havia comprado seu título de barão. Para a concretização desse intento, o único obstáculo era Bertoleza, que havia trabalhado muito para enriquecer o dono do Cortiço e morava na mesma casa que João Romão. Este, caracterizado como alguém inescrupuloso e ambicioso, cria um plano, que tem como desfecho a morte da ex-escrava.

6   Por sua vez, a relação de Jerônimo com Rita ocasiona o assassinato de Firmo. Jerônimo mata o capoeirista para vingar-se de uma briga. Depois disso, os dois vão morar juntos, mas o relacionamento não progride, e Jerônimo volta para sua esposa.

7   Da mesma forma que o romance, a obra cinematográfica apresenta o incêndio do cortiço e o grande lucro que o dono tem com isso. Apenas João Romão sai ganhando, ao passo que os moradores ficam ainda mais pobres, em vista das perdas ocasionadas pelo incêndio.

8   O filme termina com João Romão e a esposa, filha de Miranda, saindo para a lua de mel. Nesse instante, os moradores do cortiço recebem a notícia da proclamação da República, e, mesmo alheios ao real significado dessa informação, comemoram. A obra revela, assim, o tom de farsa que a realidade pode adquirir: casamentos por interesse, morte injusta de escravas enganadas e a alienação de um povo que luta apenas para sobreviver.

9   Assistir ao filme, mesmo que não seja um lançamento do cinema brasileiro contemporâneo, faz-nos refletir de modo mais crítico sobre a realidade atual. Permanece a indagação: até que ponto não somos ainda escravos de uma classe que, cada vez mais, cria planos de ação que visam apenas ao benefício próprio?

10   Para quem já leu a obra literária, o filme é uma oportunidade de conhecer uma das interpretações do romance, uma vez que, pela diferença existente entre os suportes, o cinema precisa quase sempre adaptar, recriar e modificar. Apesar disso, o filme consegue transmitir de forma muito fiel e adequada a essência da obra literária e, por mais que tenha se passado muito tempo desde a produção do romance naturalista até hoje, a realidade das periferias nas grandes cidades em nada difere daquela representada no cortiço. Mais um motivo, então, para assistir ao filme e, a partir dele, observar com maior sensibilidade o que acontece ao nosso redor.

Ivanete Mileski

1) O comentário constitui-se num gênero textual que analisa determinado objeto. Qual o objeto de análise desse comentário?

2) Nesse comentário, quais são os dados expostos na *apresentação* do objeto em análise?

3) Depois da apresentação, o comentário narra sucintamente os acontecimentos do filme. Qual é o fato, apontado pelo comentário, que dá início ao *Cortiço João Romão*?

4) Que acontecimentos motivaram a autora a afirmar que o filme revela a falsidade que, muitas vezes, a realidade adquire?

5) Segundo o comentário, por que assistir ao filme *O cortiço* é relevante, mesmo que não se trate de um lançamento do cinema brasileiro atual?

6) No comentário ocorre a *avaliação*, na qual a autora critica o que é mais significativo no objeto analisado. Que aspectos do filme são avaliados?

7) Localize no comentário um fragmento em que a autora emprega a tipologia textual narrativa.

8) Em relação ao comentário, coloque **V** se a afirmação for verdadeira e **F** se for falsa.
a) (   ) A linguagem empregada é a cuidada.
b) (   ) A sintaxe é complexa e rebuscada.
c) (   ) Apresenta como tipologia de base a dissertação.
d) (   ) O tempo verbal predominante é o presente do indicativo.
e) (   ) A tipologia de base é a descrição, pois a autora descreve o filme.

9) Faça um resumo do comentário *O cortiço*.

II. **Produção textual**

Produza um comentário sobre uma obra literária ou um filme de sua preferência, observando as características do gênero. Imagine que o texto será publicado em um jornal local.

LEITURA E PRODUÇÃO TEXTUAL

Editorial 6

O editorial é um gênero textual que expressa o ponto de vista do jornal ou revista em que é publicado. Opina a respeito de temas e fatos atuais, notícias, reportagens e entrevistas, e nele não consta o nome do redator. Segundo Dell'Isola, o editorial, além de apresentar uma opinião, também analisa, clarifica, expõe, interpreta e esclarece o que é obscuro, entre outras funções (2007, p. 53).

Geralmente, esse gênero trata de assuntos polêmicos presentes na mesma edição ou em números anteriores, e ocupa um espaço específico no meio de comunicação em que é veiculado. Seu produtor busca escrever um texto adequado aos valores que o veículo defende, uma vez que expressa a opinião do grupo que o dirige.

Para Pereira e Rocha, "o editorial tem a difícil tarefa de tomar uma posição diante dos fatos do cotidiano, num espaço cheio de contradições, e ainda conciliar os interesses de diferentes leitores" (2006, p. 58). Isso significa que, além de produzir algo adequado à filosofia do jornal ou revista, o editorialista precisa avaliar o efeito do texto nos seus leitores.

A argumentação é essencial nesse gênero. De acordo com Abreu, argumentar é a arte de convencer e persuadir; convencer pressupõe gerenciar as informações de modo a demonstrar e provar (2001, p. 25). No editorial, o jornal ou a revista administra uma informação, e busca comprovar que aquele ponto de vista é o mais válido. Pertence, portanto, à ordem do *argumentar*.

O texto emprega geralmente uma linguagem comum, adequada à língua-padrão. Faz uso de períodos longos, compostos por orações coordenadas e subordinadas. O tempo verbal predominante é o presente do indicativo, pois o produtor discute um assunto da atualidade.

O editorial possui a estrutura padrão dos demais textos com tipologia de base dissertativa: *título*, *situação-problema*, *discussão* e *solução-avaliação*.

LEITURA E PRODUÇÃO TEXTUAL

Observe, a seguir, cada parte:

➡ a) **Título:** constitui-se de uma frase ou expressão que desperta a atenção do leitor, sintetizando o assunto discutido.

➡ b) **Situação-problema:** apresenta e contextualiza a questão a ser desenvolvida. Vale-se, geralmente, de um tópico frasal expressivo para despertar o interesse do leitor.

➡ c) **Discussão:** emprega argumentos para construir a opinião do jornal ou revista acerca da questão examinada. Conforme Dell'Isola, a argumentação objetiva levar o leitor a determinada interpretação dos fatos e provocar sua adesão à ideia exposta (2007, p. 52).

➡ d) **Solução-avaliação:** responde à questão proposta, reafirma a posição assumida, sugere soluções para o problema ou sintetiza as ideias gerais do texto.

Resumindo • • • • • •

O editorial:

• expressa o ponto de vista do jornal ou revista em que é publicado;

• analisa, clarifica, expõe, interpreta, esclarece o que é obscuro;

• trata de assuntos polêmicos presentes na mesma edição ou em números anteriores;

• ocupa um espaço específico no meio de comunicação em que é veiculado;

• pertence à ordem do *argumentar*;

• emprega geralmente uma linguagem comum;

• utiliza o presente do indicativo;

• estrutura-se em: *título*, *situação-problema*, *discussão* e *solução-avaliação*.

6.1   Análise de um editorial

LIMITE ULTRAPASSADO

1   Um dia depois do tumulto provocado pela invasão de uma fazenda em Rosário do Sul por mulheres da Via Campesina, integrantes do Movimento dos Trabalhadores Rurais Sem Terra (MST) bloquearam ontem uma série de rodovias importantes em diferentes pontos do Estado. A manifestação nas estradas foi justificada pelos participantes como uma forma de protesto contra a atuação da Brigada Militar durante a desocupação da área usada para o plantio de eucaliptos. Nos dois casos, é inaceitável que, na preocupação por uma reivindicação legítima, como é o caso da reforma agrária, militantes de movimentos sociais firam direitos assegurados pela Constituição, entre os quais o de propriedade e o de ir e vir.

60   LEITURA E PRODUÇÃO TEXTUAL

2   Um aspecto particularmente inquietante é que, no esforço de chamar a atenção para uma causa cuja importância vem se reduzindo a cada ano, os manifestantes direcionem seu inconformismo para o alvo errado. No caso das mulheres, como vem se confirmando desde 2006, às vésperas das comemorações de sua data internacional, o foco é o agronegócio. As invasoras que depredaram uma fazenda de eucaliptos em Rosário do Sul, porém, cometeram uma tropelia que, como no caso da destruição das instalações e dos viveiros da Aracruz Celulose, em 2006, não ajuda a causa da mulher – em cujo nome o protesto ocorreu –, nem representa um avanço para a reforma agrária ou a justiça social. A fazenda, com o florestamento, criou 50 vezes mais empregos do que se tivesse se mantido no ramo da pecuária.

3   O direito de protestar contra a situação da mulher no Brasil e no mundo ou contra os projetos florestais em andamento deve ser reconhecido. Os movimentos populares, sinais de avanço da consciência social brasileira, não podem ser considerados entidades criminosas, nem seus atos de protesto tidos como fora da lei. Mas também não podem, para garantir sua condição de movimento legítimo, extrapolar o que a lei permite e a democracia admite, muito mais quando há agressão a direitos de terceiros (LIMITE ultrapassado. *Zero Hora*, Porto Alegre, 6 mar. 2008. Editoriais, p. 18).

O texto *Limite ultrapassado* é um editorial publicado pelo jornal *Zero Hora*/RS, no dia 6 de março de 2008. Apresenta a estrutura padrão do gênero: *título, situação-problema, discussão* e *solução-avaliação*.

O *título* do editorial *Limite ultrapassado* constitui-se numa expressão que desperta interesse no leitor, e sintetiza a ideia central do texto.

Na *situação-problema* (parágrafo 1), o editorialista cita dois fatos divulgados em edições anteriores, relacionados com as manifestações pela reforma agrária: a invasão de uma fazenda em Rosário do Sul por mulheres da Via Campesina e o bloqueamento de uma série de rodovias importantes do Rio Grande do Sul por integrantes do Movimento dos Trabalhadores Rurais Sem Terra (MST).

Ainda no primeiro parágrafo, o autor apresenta o assunto através de vocábulos e expressões que incitam a curiosidade do leitor. Utiliza, por exemplo, a palavra *tumulto* para qualificar a invasão da fazenda, e com essa escolha lexical já revela o ponto de vista do jornal a respeito dos fatos: considera inadmissível que os manifestantes ajam de forma agressiva e transgridam direitos constitucionais, como o de propriedade e o de ir e vir, em nome de movimentos sociais.

A *discussão* acontece no segundo parágrafo, em que o editorialista analisa a atuação dos grupos. Emprega argumentos coerentes para validar a opinião do jornal no que se refere ao assunto abordado: a relevância do movimento vem diminuindo, e os manifestantes não atingiram seu objetivo com o protesto.

Também no segundo parágrafo, o enunciador apresenta um argumento de provas concretas para mostrar que a desordem cometida pelas mulheres na invasão da fazenda de eucaliptos em Rosário do Sul não contribuiu para a causa da mulher, nem representa um avanço para a reforma agrária: *a fazenda, com o florestamento, criou 50 vezes mais empregos do que se tivesse se mantido no ramo da pecuária.*

O último parágrafo constitui-se na *solução-avaliação*. Nele, o autor reafirma a postura assumida diante dos fatos: o jornal considera legítimo o direito de protestar; diz não ser contrário à atuação de movimentos populares, mas não concorda com atitudes agressivas que desrespeitam os direitos de terceiros, a legislação e a democracia.

Esse texto pertence à ordem do *argumentar*, pois o jornal examina os acontecimentos e apresenta sua interpretação dos fatos, com o intuito de obter a adesão do leitor. Verifica-se, assim, que a tipologia de base é a dissertativa.

O editorial emprega uma linguagem comum, de acordo com a língua-padrão. Usa períodos longos, compostos por orações coordenadas e subordinadas. Predominam os verbos e locuções verbais no presente do indicativo (*é, ajuda, permite, admite, deve ser*).

6.2 Atividades

I. Leia o editorial que segue e resolva as questões.

A BATALHA DA EDUCAÇÃO

1   Em meio ao benéfico debate nacional sobre os resultados do Exame Nacional do Ensino Médio (Enem), surge um levantamento que é igualmente esclarecedor sobre a realidade educacional brasileira e especialmente sobre o atraso relativo de nosso país na área do ensino. Dos 7,8 milhões de operários que trabalham em fábricas no Brasil, 61% – ou seja, 4,8 milhões – não têm educação básica completa e 31% – 2,4 milhões – não concluíram o Ensino Fundamental. Os números são de um estudo recente da Confederação Nacional da Indústria (CNI) e explicam, de maneira evidente, os porquês de alguns dos entraves ao desenvolvimento do país. São alguns dos dados que retratam nosso atraso num item que se tornou básico para os projetos de crescimento e crucial para diferenciar quem tem chance de quem não tem.

2   Os resultados do Enem acenderam uma luz amarela para os administradores públicos e para as autoridades de ensino. A universalização do acesso ao ensino, conquista recente da sociedade brasileira, precisa ser ampliada qualitativamente e precisa, acima de tudo, desembocar em números igualmente promissores no combate à evasão e na obtenção de padrões de eficiência escolar capazes de suportar uma comparação com a educação praticada em outros países em desenvolvimento ou

desenvolvidos. Aí que entram os dados do estudo da CNI. Uma das preocupações obrigatórias de nosso país é com o fato de que, garantida a universalização das matrículas, apenas metade das crianças chega à oitava série. A ausência de qualidade está também evidenciada pela performance pífia de nosso país na avaliação mundial de aprendizagem de Matemática, por exemplo.

3   As origens desse panorama escolar brasileiro são conhecidas. Falta ao país uma tradição escolar, os professores estão desestimulados por ausência de incentivos ao crescimento e por políticas salariais inadequadas, as escolas carecem de estruturas físicas, de material de ensino e de ferramentas tecnológicas, vigora tolerância à indisciplina e, finalmente, os controles pedagógicos estão frouxos ou são contraditórios. Poucas escolas conseguem vencer com um pano de fundo com essas características. Mas há, além de todas essas carências, uma que é decisiva. Num levantamento que inclui 32 países desenvolvidos e em desenvolvimento, nosso país ficou em último lugar num critério que não pode ser desprezado: o do percentual do PIB investido em educação. Enquanto Israel e Islândia, por exemplo, investem mais de 8% do PIB em educação, nós investimos 3,9%, pouco mais da metade do que também investem EUA, Coreia do Sul e Nova Zelândia. Esses dados, que a imprensa nacional tem divulgado com destaque, podem começar a apontar as causas de nossa defasagem educacional.

4   Diante, pois, desses dados e em especial frente à falta de investimentos verdadeiramente significativos para a monumental tarefa de revolucionar o ensino brasileiro, o país espera que o Plano de Desenvolvimento da Educação, anunciado há um ano, tenha recursos materiais e humanos para enfrentar esse que já figura como o principal desafio e condição *sine qua non* do desenvolvimento (A BATALHA da educação. *Zero Hora*, Porto Alegre, 8 abr. 2008. Editoriais, p. 16).

1) Por que não consta o nome do autor no texto?

2) A quem se destina a leitura do texto?

3) Onde foi veiculado o editorial?

4) Considerando o significado das palavras no texto, numere adequadamente:

(1) entraves (*parágrafo* 1)   ( ) decisivo

(2) crucial (*parágrafo* 1)   ( ) empecilhos

(3) desembocar (*parágrafo* 2)   ( ) resultar

(4) performance (*parágrafo* 2)   ( ) péssima

(5) pífia (*parágrafo* 2)   ( ) desaguar

(6) defasagem (*parágrafo* 3)   ( ) desempenho

(7) monumental (*parágrafo* 4)   ( ) atraso

                                           ( ) grandiosa

LEITURA E PRODUÇÃO TEXTUAL

5) Procure o significado da expressão *sine qua non*.

6) O título *A batalha da educação* sintetiza o conteúdo do editorial. Justifique essa afirmação.

7) O editorial manifesta o ponto de vista do periódico em que é publicado a respeito de um assunto polêmico. Com relação ao texto em estudo, indique:

a) a *situação-problema* apresentada;

b) o ponto de vista do jornal *Zero Hora*/RS.

8) Com base no editorial, elenque os motivos para o desempenho insatisfatório da educação brasileira.

9) Quais os argumentos de provas concretas que o editorial utiliza para sustentar a afirmação de que há ausência de qualidade na educação brasileira?

10) O editorial *A batalha da educação* analisa os dados estatísticos que apresenta? Justifique sua resposta.

11) O que o editorialista apresenta como *solução-avaliação* para o problema analisado?

12) Observe a linguagem empregada no editorial *A batalha da educação* e explicite o que se pede.

a) Nível de linguagem:

b) Características da sintaxe utilizada:

c) Tempo verbal predominante:

d) Pessoa gramatical que prevalece:

13) Assinale a tipologia textual de base do editorial e justifique sua opção.

a) ( ) Narrativa;   b) ( ) dissertativa;   c) ( ) explicativa;

d) ( ) injuntiva;   e) ( ) preditiva.

II. Produção textual

Sabe-se que a combinação *bebida* e *trânsito* provoca muitos acidentes e mortes. Produza um editorial, posicionando-se a respeito do consumo de álcool pelos motoristas. Imagine que o texto será publicado em um jornal regional. Para isso, utilize os dados que seguem, e busque mais informações em outras fontes. Você pode encontrar subsídios no seguinte endereço eletrônico:

<http://www1.folha.uol.com.br/folha/cotidiano/ult95u415818.shtml>. Acesso em: 20 out. 2009.

TEXTO 1: OS LIMITES

Como o álcool age no organismo e como é a legislação nos outros países:

No mundo

Tolerância de gramas de álcool por litro de sangue em outros países:

Canadá	0,8	Eslováquia	zero
Estados Unidos	0,8 (*)	Hungria	zero
Austrália	0,5	Malásia	zero
México	0,8	Arábia Saudita	zero
Argentina	0,5		

* limite-padrão, com variações conforme a legislação estadual

A bebida no organismo

Confira os gramas de álcool por litro de sangue conforme a quantidade de bebida e o peso da pessoa:

Peso (kg) Cerveja	45	63	81	99
1 copo	0,5	0,4	0,3	0,2
2 copos	0,8	0,6	0,5	0,5
3 copos	1,1	0,9	0,8	0,7

Peso (kg) Vinho	45	63	81	99
1 cálice	0,3	0,3	0,2	0,2
2 cálices	0,6	0,5	0,4	0,3
3 cálices	0,8	0,6	0,5	0,4

Peso (kg) Destilados	45	63	81	99
½ dose (28ml)	0,4	0,3	0,2	0,2
1 dose (56ml)	0,7	0,5	0,4	0,3
1 dose e meia (85ml)	0,9	0,7	0,6	0,5

Reflexos comprometidos

Os efeitos do álcool no organismo do motorista:

Concentração de álcool (g/l de sangue)	Consequências
0,2	O álcool não produz efeito aparente na maioria das pessoas.
0,2 a 0,5	Sensação de tranquilidade, sedação, reação mais lenta a estímulos sonoros e visuais, dificuldade de julgamento de distância e velocidade.
0,5 a 1,5	Aumento do tempo de reação a estímulos, redução da concentração e da coordenação, alteração do comportamento (falar muito, ficar extrovertido etc.).
1,5 a 3	Intoxicação, descoordenação geral, confusão mental, visão dupla, desorientação.
3 a 4	Inconsciência, às vezes coma.
5	Morte.

O perigo no trânsito

Concentração de álcool (g/l de sangue)	Risco de acidente
0,5	Aumenta duas vezes.
0,9	Aumenta três vezes.
1,5	Aumenta 10 vezes.
2	Aumenta 20 vezes.

GUERRA ao álcool no volante. *Zero Hora*, Porto Alegre, p. 4, 20 jun. 2008. – Adaptado

Carta do leitor

A carta do leitor é um gênero textual que possibilita aos leitores de um jornal ou revista dialogar com o responsável pela publicação ou por seções dela, ou ainda com os demais leitores. Na maioria das vezes, o leitor usa esse gênero para manifestar-se a respeito de uma matéria publicada. Segundo Bezerra, utiliza-se a carta do leitor em situação de ausência de contato imediato entre remetente e destinatário, que não se conhecem – o leitor e a equipe da revista ou do jornal (2002, p. 210).

Conforme Mello (2008), as cartas do leitor têm dois interlocutores: um direto e um indireto. O primeiro consiste na própria revista ou jornal, e o segundo, nos seus respectivos leitores, já que as cartas são passíveis de publicação. A imprensa costuma publicar apenas o corpo da carta, ou parte dele, devido à restrição de espaço. Normalmente, as cartas são enviadas por *e-mail*, correio ou fax.

Esse gênero textual atende a diversos propósitos comunicativos, uma vez que o enunciador pode participar de várias maneiras: para elogiar, criticar, contradizer alguma opinião, acrescentar outras informações, apresentar um ponto de vista próprio, sugerir, agradecer, reclamar, solicitar, corrigir algo que foi escrito, entre outras. Desse modo, a finalidade principal da carta do leitor é convencer o interlocutor. Vincula-se, portanto, à ordem do *argumentar*, e a tipologia textual que a sustenta é a dissertativa.

A carta do leitor é publicada num espaço específico, geralmente nas primeiras páginas da edição. Apresenta a seguinte estrutura:

a) **Local e data**: indicam a cidade, o dia, o mês e o ano do envio da carta (Porto Alegre, 29 de março de 2009);

b) **Vocativo**: coloca o tratamento condizente com o receptor (Prezados editores);

c) **Corpo do texto**: contextualiza o assunto e apresenta a opinião do leitor;

➡ d) **Despedida**: manifesta cordialidade (Atenciosamente; Cordialmente);

➡ e) **Assinatura**: consta o nome e a identificação do remetente.

A linguagem empregada normalmente é a comum, com vocabulário fácil e sintaxe simples. No entanto, a linguagem pode assumir outros níveis, como a cuidada, variando conforme a especificidade da revista e do público-leitor (sua idade, seu grau de formação e seu nível social, econômico e cultural). Por exemplo, o leitor da revista *Exame* não usará em sua carta a mesma linguagem que um leitor adolescente da revista *Contigo!*.

Resumindo • • • • • •

A carta do leitor:

- possibilita o diálogo dos leitores com a equipe da revista ou do jornal, ou com os demais leitores;
- é um gênero textual no qual o leitor geralmente manifesta sua opinião sobre determinada matéria publicada;
- pertence à ordem do *argumentar*;
- emprega a dissertação como tipologia de base;
- apresenta a seguinte estrutura: *local e data*, *vocativo*, *corpo do texto*, *despedida* e *assinatura*;
- usa geralmente a linguagem comum.

7.1 Análise de cartas do leitor

Leia o editorial *Redução de vítimas derruba argumentos contra Lei Seca*, publicado no jornal *Correio Riograndense*, e, em seguida, duas cartas do leitor recebidas pelo periódico.

REDUÇÃO DE VÍTIMAS DERRUBA ARGUMENTOS CONTRA LEI SECA

Toda lei que não é fiscalizada tende a cair no descrédito

1   Um mês após entrar em vigor, a lei que pune com severidade quem for flagrado dirigindo com qualquer quantidade de álcool alterou completamente os costumes dos motoristas conscientes. A possibilidade, embora ainda remota, de ser submetido ao teste do etilômetro (bafômetro) fez com que o brasileiro começasse a pensar duas vezes diante da bebida alcoólica antes de conduzir um veículo. E esse comportamento desencadeou uma série de efeitos.

68 LEITURA E PRODUÇÃO TEXTUAL

2 A lei seca foi recebida com muita contrariedade, reação normal de quem passa a ser obrigado a respeitar uma medida drástica. Estabelecimentos comerciais que vendem bebidas com teor alcoólico alegaram prejuízos – e, na maioria dos casos, realmente houve. Indústrias do setor relacionaram perdas inevitáveis. Enfim, do lado econômico emergiu um quadro bastante crítico, amparado por uma aludida ameaça de inviabilidade.

3 Não foi preciso muito tempo para que surgissem opções que permitissem ao frequentador continuar consumindo bebida com álcool, como a oferta de transporte por bares e restaurantes. Essas adaptações vieram no bojo de uma realidade detectada por estatísticas indesmentíveis: o número de acidentes e de vítimas no trânsito reduziu significativamente com a vigência da nova lei.

4 Quem vai se opor a uma lei que poupa vidas? Por mais dura que ela possa ser, por mais que altere hábitos, inclusive saudáveis – como beber uma taça de vinho em cada refeição –, quando se coloca numa balança uma vida, não existe peso que possa superá-la.

5 Poderia haver uma mínima tolerância, como cobram alguns. Mas este não é o maior problema. O que chama a atenção é a falta de estrutura de quem deveria fiscalizar o cumprimento da lei. Mesmo equipamentos básicos, como o bafômetro, são escassos, quando não inexistentes em longos trechos de rodovias. É esta deficiência que pode comprometer um sucesso ainda maior. Sem fiscalização permanente para fazer cumprir uma lei, a tendência é ela cair no descrédito (REDUÇÃO de vítimas derruba argumentos contra lei seca. *Correio Riograndense*, Caxias do Sul, 23 jul. 2008. Editorial, p. 2).

Cartas recebidas a respeito do editorial
Redução de vítimas derruba argumentos contra Lei Seca

CARTA 1: TOLERÂNCIA ZERO

Sou favorável à moralização do trânsito neste país, até porque somos campeões mundiais em acidentes, porém é fundamental entender que os problemas no trânsito brasileiro são de origem estrutural. Não temos mais o trem. Estive na Suíça em 2007. Lá o trem percorre todos os recantos de um país de apenas sete milhões de habitantes em um território menor que o do RS. Na Itália não é diferente, quase não se vê carretas nas rodovias. Aqui no Brasil, a maioria dos acidentes envolve um grande caminhão. As estradas são do tempo do presidente Vargas, como é o caso da BR 116. Parece que a campanha tem outras finalidades. E os impostos, os pedágios, para onde vai tanto dinheiro? Só não vendem a ideia de que é para o trânsito! Induzir a sociedade e os meios de comunicação que o álcool é o vilão é um grande exagero; a realidade é bem outra. Da mesma forma que se combate o álcool no volante, é preciso perceber a origem dos problemas no trânsito brasileiro.

G.T. (Veranópolis, RS)

CORREIO do leitor. *Correio Riograndense,* Caxias do Sul, p. 2, 06 ago. 2008.

CARTA 2: TOLERÂNCIA ZERO

A palavra zero procede do árabe *sirf* e significa vazio. Chegou ao português através do latim medieval *zephyrum,* pelo italiano *zero* e pelo francês *zéro.* Por ser um "cardinal dos conjuntos vazios", como professor, jamais atribuí nota 0 (zero) ao aluno. Assim, evitei que metade da nulidade redonda pertencesse ao mestre e a outra ao discípulo. A régua parte do zero e o inventor da roda tratou de fazê-la girar para o bem-estar geral. O zero isolado radicaliza.

E.J.S. (Ivoti, RS)

CORREIO do leitor. *Correio Riograndense*, Caxias do Sul, p. 2, 03 set. 2008.

As duas cartas enviadas ao jornal *Correio Riograndense* pertencem à ordem do *argumentar*. Nelas, os leitores se posicionam sobre o editorial *Redução de vítimas derruba argumentos contra Lei Seca*, publicado no dia 23 de julho de 2008.

Os leitores apresentam uma opinião pessoal voltada ao problema: a eficácia da implantação da Lei Seca. O assunto em debate advém de um fato de domínio público e instaura a discussão com os leitores.

Na primeira carta, o remetente diz ser favorável à Lei Seca, mas afirma que o uso do álcool não é o único causador de acidentes de trânsito. Para o leitor, o problema é estrutural. Argumenta que há muitos veículos pesados circulando nas estradas brasileiras, e que estas são muito antigas; questiona ainda qual o destino dado ao dinheiro oriundo dos impostos e pedágios.

Na segunda, o leitor faz uma reflexão sobre a origem da palavra "zero". Exemplifica com a situação do professor que atribui nota zero ao seu aluno, e ressalta que o mestre detém cinquenta por cento da responsabilidade pelo péssimo desempenho. Com isso, conclui que "o zero isolado radicaliza", ou seja, sugere que usar a Lei Seca como única medida no combate ao elevado número de acidentes de trânsito não resolve totalmente o problema.

Constata-se que as cartas não possuem a estrutura completa, pois foram publicados apenas fragmentos. Certamente, isso decorre do pouco espaço disponibilizado pelo jornal.

A linguagem empregada nos dois textos é a comum, com vocabulário acessível aos leitores.

7.2 Atividades

I. Leia a carta do leitor que segue endereçada ao jornal *Correio Riograndense* e responda as questões propostas.

AQUECIMENTO

Segundo a Organização Mundial da Saúde (OMS), as enfermidades derivadas do aquecimento global vão ultrapassar as decorrentes da Segunda Guerra Mundial. Só em 2007, 150 mil pessoas perderam a vida por causa das alterações climáticas influenciadas pela ação do homem. E cinco milhões de pessoas contraíram enfermidades em função do aumento da temperatura artificial do planeta. Nós, ambientalistas, assistimos diariamente agressões ambientais em todos os níveis – os pobres poluem por falta de condições e conhecimento; os ricos, por necessidades econômicas. Assim, quase toda a sociedade participa favorecendo o aquecimento global.

G.T. (Veranópolis, RS)

CORREIO do leitor. *Correio Riograndense*, Caxias do Sul, p. 2, 14 maio 2008.

1) Quem é o autor da carta?

2) A quem se destina a carta?

3) Reescreva a sentença, substituindo as palavras destacadas por sinônimos: "Segundo a Organização Mundial da Saúde (OMS), as **enfermidades derivadas** do aquecimento global vão **ultrapassar** as **decorrentes** da Segunda Guerra Mundial".

4) Por que é possível afirmar que esse gênero textual é uma carta do leitor?

5) Qual a posição do leitor no que se refere ao aquecimento global?

6) Explicite o que se pode entender com a afirmação: *os pobres poluem por falta de condições e conhecimento; os ricos, por necessidades econômicas.*

7) Você concorda com a posição do leitor? Use dois argumentos que corroborem sua resposta.

8) Além das informações da carta, o que mais você sabe sobre o tema *aquecimento global*?

9) Assinale a alternativa que indica a linguagem empregada na carta do leitor em análise. Justifique sua resposta.

( ) Familiar; ( ) comum; ( ) cuidada; ( ) oratória.

LEITURA E PRODUÇÃO TEXTUAL

II. Leia com atenção as cartas de leitores apresentadas a seguir e realize as atividades propostas.

TEXTO 1: A parceria público-privada é uma boa alternativa para enfrentar a crise no sistema penitenciário. Temos que ter melhores presídios e menos discursos políticos. Quem é infrator tem de cumprir a sua pena, mas em presídios com as mínimas condições. Chega de discursos político-eleitoreiros.

A.I.S. (Advogado – Caxias do Sul – RS)

OPINIÃO. *Zero Hora*, Porto Alegre, p. 2, 4 jul. 2009.

TEXTO 2: Cumprimentos à direção e equipe do jornal *Correio Riograndense* pelos excelentes artigos, seriedade e senso crítico, despertando assim o interesse pela religião e cidadania. Parabéns!

L.P. (Rio do Oeste, SC)

CORREIO do leitor. *Correio Riograndense*, Caxias do Sul, p. 2, 23 abr. 2008. – Adaptado

TEXTO 3: FIM AO VANDALISMO

A mutilação de mais uma estátua no Parque Farroupilha (*ZH* de 22 de julho) reforça a ideia de que ele deve ser cercado, a exemplo do que ocorre nas principais cidades do mundo. Em Londres, o respeito aos monumentos públicos é levado a sério pelo povo.

W.S.J. (Médico – Porto Alegre – RS)

DO LEITOR. *Zero Hora*, Porto Alegre, p. 2, 24 jul. 2008. – Adaptado

1) A carta do leitor permite ao leitor de um periódico conversar com o editor ou ainda com os demais leitores, e atende a vários objetivos. Indique a finalidade de cada uma das cartas apresentadas e o periódico em que foram publicadas.

Carta 1:

Objetivo:

Periódico de publicação:

Carta 2:

Objetivo:

Periódico de publicação:

Carta 3:

Objetivo:

Periódico de publicação:

2) Segundo o autor da carta 1, quais as medidas que devem ser tomadas para minimizar os problemas do sistema penitenciário?

3) Apresente a justificativa dos cumprimentos enviados ao periódico na carta 2.

4) Na carta 3, o autor sugere uma forma de evitar outras depredações no Parque Farroupilha (Porto Alegre/RS). Qual é a alternativa indicada? Que argumento(s) ele utiliza para defendê-la?

5) A carta do leitor contém *local e data, vocativo, corpo do texto, despedida* e *assinatura*. As cartas lidas apresentam essa estrutura? Justifique.

6) Conforme a estrutura explicitada, a carta do leitor não apresenta título. Por que uma das cartas lidas tem título?

7) Observe a linguagem utilizada nas três cartas. Qual o nível de linguagem predominante? Justifique sua resposta.

III. **Produção textual**

Escreva uma carta, na posição de leitor, colocando seu ponto de vista a respeito do assunto abordado no ensaio *Da arte brasileira de ler o que não está escrito*, de Claudio de Moura Castro. Imagine que ela será publicada numa revista de circulação nacional.

DA ARTE BRASILEIRA DE LER O QUE NÃO ESTÁ ESCRITO

A imaginação criativa de alguns leitores não se detém sobre a lógica do texto. É a vitória da semiótica sobre a semântica.

Terminando os poucos anos de escola oferecidos em seu vilarejo nas montanhas do Líbano, o jovem Wadi Haddad foi mandado para Beirute para continuar sua educação. Ao vê-lo ausente de casa por um par de anos, a vizinha aproximou-se cautelosa de sua mãe, jurou sua amizade à família e perguntou se havia algum problema com o rapaz. Se todos os seus coleguinhas aprenderam a ler, por que ele continuava na escola? Anos depois, Wadi organizou a famosa Conferência de Jontiem, "Educação para Todos", mas isso é outro assunto.

LEITURA E PRODUÇÃO TEXTUAL **73**

Para a vizinha libanesa, há os que sabem ler e há os que não sabem. Não lhe ocorre que há níveis diferentes de compreensão. Mas, infelizmente, temos todos o vício de subestimar as dificuldades na arte de ler, ou, melhor dito, na arte de entender o que foi lido. Saiu da escola, sabe ler.

O presente ensaio é sobre cartas que recebi dos leitores de *Veja*, comentando minha coluna naquela revista. Algumas são generosas, outras iradas. Não se trata aqui de rebater críticas, pois minhas farpas atingem também cartas elogiosas. Falo tão somente da arte da leitura.

É preocupante ver a liberdade com que alguns leitores interpretam os textos. Muitos se rebelam com o que eu não disse (jamais defendi o sistema de saúde americano). Outros comentam opiniões que não expressei e nem tenho (não sou contra a universidade pública ou a pesquisa).

Há os que adivinham as entrelinhas, ignorando as linhas. Indignam-se com o que acham que eu quis dizer, e não com o que eu disse. Alguns decretam que o autor é um horrendo neoliberal e decidem que ele pensa assim ou assado sobre o assunto, mesmo que o texto diga o contrário.

Não generalizo sobre as epístolas recebidas, algumas de lógica modelar. Tampouco é errado ou condenável passar a ilações sobre o autor ou sobre as consequências do que está dizendo. Mas nada disso pode passar por cima do que está escrito e da sua lógica. Meus ensaios têm colimado assuntos candentes e controvertidos. Sem uma correta participação da opinião pública educada, dificilmente nos encaminharemos para uma solução. Mas a discussão só avança se a lógica não for afogada pela indignação.

Vale a pena ilustrar esse tipo de leitura com os comentários a um ensaio sobre nosso sistema de saúde (abril de 1997). A essência do ensaio era a inviabilidade econômica e fiscal do sistema preconizado pela Constituição. Lantejoulas e meandros à parte, o ensaio afirmava que a operação de um sistema de saúde gratuito, integral e universal consumiria uma fração do PIB que, de tão alta (até 40%), seria de implantação inverossímil.

Ninguém é obrigado a aceitar essa afirmativa. Mas a lógica impõe quais são as possibilidades de discordar. Para destruir os argumentos, ou se mostra que é viável gastar 40% do PIB com saúde ou é necessário demonstrar que as contas que fiz com André Médici estão erradas. Números equivocados, erros de conta, hipóteses falsas, há muitas fontes possíveis de erro. Mas a lógica do ensaio faz com que só se possa rebatê-lo nos seus próprios termos, isto é, nas contas.

Curiosamente, grande parte das cartas recebidas passou por cima desse imperativo lógico. Fui xingado de malvado e desalmado por uns. Outros fuzilaram o que inferem ser minha ideologia. Os que gostaram crucificaram as autoridades por negar aos necessitados acesso à saúde (igualmente equivocados, pois o ensaio critica as regras e não as inevitáveis consequências de sua aplicação).

Meus comentaristas escrevem corretamente, não pecam contra a ortografia, as crases comparecem assiduamente e a sintaxe não é imolada. Contudo, alguns não sabem ler. Sua imaginação criativa não se detém sobre a aborrecida lógica do texto. É a vitória da semiótica sobre a semântica (CASTRO, Cláudio de Moura. Da arte brasileira de ler o que não está escrito. In: _____. *Crônicas de uma educação vacilante*. Rio de Janeiro: Rocco, 2005. p. 25-27).

LEITURA E PRODUÇÃO TEXTUAL

Dissertação escolar

A dissertação escolar é um gênero textual que constrói uma opinião em torno de uma questão proposta. Geralmente, é produzida no contexto escolar por alunos do Ensino Médio. O aprendiz escreve atendendo a uma solicitação do professor, a fim de melhorar sua capacidade argumentativa.

Para definir a dissertação, Delforce apoia-se em duas grandes características: de um lado, ela se constitui de sequências *pergunta-resposta* sucessivas; de outro, a passagem de uma pergunta a uma resposta se efetua na forma de um momento de exame, questionamento e análise. Segundo o autor, essas noções colocam em evidência duas das operações principais do trabalho dissertativo: construir uma problemática e uma opinião. Constrói-se a opinião através do exame de todas as opiniões-resposta que a pergunta possibilita, avaliando-se sua pertinência e validade. A característica principal da dissertação é a atenção que se dá ao exame da questão, não esquecendo nenhum aspecto relevante do problema (1992, p. 15).

Nesse gênero não se apresenta imediatamente uma opinião acerca de uma questão proposta, acrescida de alguns argumentos que sustentam essa opinião. Para Delcambre e Darras (1992), dissertar não é *dizer o que se pensa*, mas *demonstrar que se pensa*, com uma opinião progressivamente construída, e não com enunciados improvisados, e *como se pensa*, colocando em evidência os argumentos. Segundo as autoras, o exame racional de uma questão polêmica conduz à formulação de uma posição pessoal, e se diferencia radicalmente da simples resposta dada na entrevista, que consiste em outro gênero textual, no qual o locutor emite imediatamente sua opinião.

A dissertação escolar é tipologicamente heterogênea, pois, agregadas à tipologia de base dissertativa, podem estar inseridas outras sequências, como a narrativa, a descritiva, a injuntiva, a explicativa e a preditiva, que dão suporte à argumentação.

Normalmente, a linguagem empregada é a comum, e o tempo verbal predominante é o presente do indicativo, pois ele permite uma discussão a respeito do assunto. Nessa discussão, o mais importante não são tanto as ideias do autor, mas como ele as desenvolve. Por exemplo, não importa se o sujeito é a favor ou contra a pena de morte, mas como ele constrói sua opinião a respeito do problema. Isso quer dizer que, para produzir uma dissertação, é necessário ler sobre o assunto, refletir, avaliar e tomar uma posição.

Assim, a dissertação escolar pressupõe o uso de argumentos consistentes e convincentes. Segundo Garcia-Debanc, pode-se desenvolver a argumentação a partir de quatro operações fundamentais (1986, p. 7):

a) demonstrar teses ou argumentos;

b) justificar um ponto de vista que se deseja defender;

c) refutar outros pontos de vista possíveis sobre a questão;

d) concordar com certas ideias para melhor defender seu ponto de vista.

A definição do termo *argumentar* mostra o caráter interativo da linguagem: visa um interlocutor. Para que a argumentação se torne eficiente e atinja os objetivos propostos, o autor aciona todos os recursos de natureza lógica e linguística dos quais dispõe, apresentando as razões utilizadas para convencer o leitor.

Vigner (1988, p. 13-14) dá uma amostra das formas mais usuais para o encadeamento do texto que poderão ser objeto de uma primeira aprendizagem dentro da argumentação. Essas formas podem ser trabalhadas por meio de exercícios escritos, com o intuito de desenvolver a habilidade de manipular os materiais básicos da língua na argumentação. São elas:

a) *fórmulas introdutórias*: comecemos por; a primeira observação recai sobre; inicialmente, é preciso lembrar que; a primeira observação importante a ser feita é que;

b) *transições*: passemos então a; voltemos então a; mais tarde voltaremos a; antes de passar a ... é preciso observar que; sublinhado isto;

c) *fórmulas conclusivas*: logo; consequentemente; é por isso que; afinal; em suma; pode-se concluir que;

d) *enumeração*: em primeiro (segundo, etc.) lugar; e por último; e em último lugar; inicialmente; e em seguida; além do mais; além disso; além de que; aliás; a ... se acrescenta; por outro lado; enfim; se acrescentarmos por fim;

e) *fórmulas concessivas*: é certo que; é verdade que; evidente; seguramente; naturalmente; incontestavelmente; sem dúvida alguma; pode ser que;

f) *expressões de reserva*: todavia; no entanto; entretanto; mas; porém; contudo;

g) *fórmulas de insistência*: não apenas ... mas; mesmo; com muito mais razão; tanto mais que;

h) *inserção de um exemplo*: consideremos o caso de; tal é o caso de; este caso apenas ilustra; o exemplo de ... confirma.

8.1 Estrutura

Para a produção de uma dissertação escolar, é necessário haver uma questão a ser discutida e propor uma solução ou avaliação. Sua estrutura pode constituir-se das seguintes partes: *situação-problema*, *discussão* e *solução-avaliação*. Observe:

a) **Situação-problema:** contextualiza o assunto, guiando o leitor na progressão do texto, para facilitar seu entendimento acerca do que virá nas demais partes.

b) **Discussão:** constrói a opinião a respeito da questão examinada. O produtor coloca todos os argumentos disponíveis para fundamentar a posição assumida e refutar a posição contrária. Para evitar abstrações, pode valer-se de pequenos relatos, comparações, voz de autoridade no assunto, dados estatísticos, breves exemplos ou notícias já publicadas pela mídia. Isso torna o texto consistente, já que, por natureza, a opinião é abstrata e necessita ser fundamentada com todos os artifícios.

c) **Solução-avaliação:** evidencia a resposta ao problema apresentado, que pode ser a reafirmação do ponto de vista defendido ou uma apreciação sobre o assunto. Portanto, essa parte não se restringe a uma paráfrase ou a uma síntese do que foi discutido anteriormente.

8.2 Qualidades discursivas da dissertação

Segundo Guedes (2002), as qualidades essenciais de uma dissertação são quatro: *unidade temática*, *objetividade*, *concretude* e *questionamento*. Veja a seguir:

a) **Unidade temática:** mostra com clareza a questão tratada para despertar o interesse do leitor. A escolha de um tema específico é fundamental, pois, conforme Guedes, ao abordar temas amplos, corre-se o risco de repisar as generalidades mais óbvias e conhecidas no que se refere ao assunto ou de apenas alinhavar ideias amplas de uma mesma posição interessante acerca dele, frustrando o leitor (2002, p. 273). A especificidade é um pré-requisito para a produção de um texto original.

b) **Objetividade:** consiste na capacidade de perceber os objetos, ou seja, as coisas e ideias de modo independente. Essa qualidade permite dar sentido às questões particulares e favorece o reconhecimento de uma posição teórica, de um ponto de vista. É necessário estabelecer a perspectiva assumida por quem fala: emprega-se a primeira pessoa quando a questão abordada se referir a um problema de ordem existencial, e a terceira pessoa quando há um certo grau de abstração que não passa pela experiência de vida, ou ainda para produzir um certo efeito sobre o leitor.

c) **Concretude:** é fundamental definir os conceitos com clareza. Isso possibilitará ao leitor atribuir o sentido exato que o autor quis dar ao seu texto, evitando que aquele encontre os sentidos apenas por aquilo que já conhecia sobre o assunto. Os exemplos, as ilustrações, as analogias, as imagens e as comparações ajudam na construção do raciocínio e na argumentação.

d) **Questionamento:** faz parte da natureza da dissertação, que precisa apresentar ao leitor um problema, uma questão que, segundo Guedes, possa afetá-lo, incomodá-lo, agradá-lo, e propor uma solução para esse problema ou equacioná-lo, mostrando o caminho pelo qual poderia ser resolvido, ou denunciá-lo, trazendo-o ao conhecimento do leitor (2002, p. 297). Para isso, o autor pode apresentar provas a favor da posição assumida e provas para refutar a posição contrária. É fundamental ter clareza nos conceitos elaborados, usar adequadamente os fatos e organizar um raciocínio correto que estabeleça relação entre conceitos e fatos.

Resumindo • • • • • •

A dissertação escolar:

- constrói uma opinião acerca de uma questão;
- utiliza argumentos consistentes para defender a posição assumida;
- pertence à ordem do *argumentar*;
- usa a dissertação como tipologia de base;
- é tipologicamente heterogênea;
- vale-se da linguagem comum;
- faz uso de formas usuais para encadear o texto;
- emprega o presente como tempo verbal predominante;
- constitui-se das partes: *situação-problema, discussão* e *solução-avaliação;*
- apresenta as qualidades discursivas: *unidade temática, objetividade, concretude* e *questionamento.*

8.3 Análise de uma dissertação escolar

A POSIÇÃO DA MULHER NA SOCIEDADE PÓS-MODERNA

Odete M.B. Boff

1   Homens e mulheres desempenham atualmente diferentes papéis nas mais variadas instâncias sociais. No que se refere a essa questão, a sociedade vem reconhecendo a igualdade de condições entre homens e mulheres?

2   A *Declaração Universal dos Direitos Humanos* defende a equiparação de direitos, bem como o princípio da *não discriminação*, proclamando que todos os seres humanos nascem livres e iguais em dignidade e direitos. No entanto, constata-se que inúmeros obstáculos e preconceitos ainda permanecem e prejudicam a igualdade entre homens e mulheres.

3   A primeira observação recai sobre o fato de que muitas mulheres, embora desempenhem as mesmas funções profissionais que o homem, recebem uma remuneração inferior. Além disso, ainda não existe credibilidade no mercado de trabalho, no sentido de as mulheres assumirem cargos de chefia; o exercício do poder geralmente está centrado na figura masculina. Sabe-se também que determinadas empresas preferem contratar homens a mulheres, pois elas poderão entrar em licença maternidade e ausentar-se para cuidar dos filhos, desarticulando a organização. Pude constatar tal discriminação em uma empresa X, quando uma amiga, ao candidatar-se à vaga ofertada, foi preterida a um rapaz, porque estava no início da gestação, embora o superasse em todos os quesitos.

LEITURA E PRODUÇÃO TEXTUAL

4   Sem dúvida alguma, verifica-se que, nas últimas décadas, as mulheres têm obtido várias conquistas: o direito ao voto, a entrada no mercado de trabalho, o uso de contraceptivos e a possibilidade de adotar ou não o sobrenome do marido. Hoje, muitas mulheres marcam presença nos campos que eram restritos aos homens e ocupam até mesmo espaços de liderança. Desempenham suas atividades profissionais nas indústrias, no comércio e nos meios de comunicação, entre outros setores; têm atuação marcante nas ciências e na cultura, e predominam na educação. Superam atitudes discriminatórias e abrem mais espaços, inclusive na política e economia.

5   É por isso que não existe motivo para considerar os homens superiores às mulheres, já que não se verificam diferenças de caráter intelectual ou de qualquer outro tipo, a não ser na força física.

6   A igualdade de oportunidades, principalmente no mercado de trabalho, ainda não se concretizou em sua plenitude. Mas, considerando-se o aumento qualitativo da efetiva presença feminina nos diferentes âmbitos sociais, pode-se afirmar que a obtenção da verdadeira equiparação entre os membros de uma sociedade, sem distinções de sexo, é apenas uma questão de tempo.

Essa dissertação escolar discute o tema da situação da mulher na sociedade atual, constrói uma opinião e coloca aspectos relevantes do problema. Pertence, portanto, à ordem do *argumentar*.

O primeiro parágrafo apresenta a *situação-problema* em forma de questionamento: *a sociedade vem reconhecendo a igualdade de condições entre homens e mulheres?*

Para iniciar a *discussão* (parágrafo 2), a autora vale-se da *Declaração Universal dos Direitos Humanos*, documento que defende a igualdade entre homens e mulheres. Coloca que ainda há inúmeros obstáculos e preconceitos que prejudicam essa igualdade.

No terceiro parágrafo, a produtora expõe fatos que ilustram a desigualdade que há entre os sexos no mercado de trabalho. Em seguida (parágrafo 4), contrapõe essa constatação, apontando conquistas femininas nas atividades profissionais, na economia, na política, nos direitos que as mulheres têm sobre seu corpo e na superação de atitudes discriminatórias.

Na *solução-avaliação* (parágrafos 5-6), responde à questão analisada: não há motivo para considerar os homens superiores às mulheres (parágrafo 5). Afirma também que a igualdade ainda não se concretizou, porém *é apenas uma questão de tempo* (parágrafo 6).

Pode-se observar que a autora não propõe de imediato uma resposta à questão formulada, mas constrói a opinião a partir de argumentos que sustentam seu ponto de vista.

80 LEITURA E PRODUÇÃO TEXTUAL

Verifica-se que o gênero analisado caracteriza-se pela heterogeneidade tipológica. Além da tipologia de base dissertativa, o texto apresenta sequências descritivas e narrativas, que dão consistência à argumentação. Exemplos:

a) Sequência descritiva – *A Declaração Universal dos Direitos Humanos defende a equiparação de direitos, bem como o princípio da não discriminação, proclamando que todos os seres humanos nascem livres e iguais em dignidade e direitos* (parágrafo 2).

b) Sequência narrativa – *Pude constatar tal discriminação em uma empresa X, quando uma amiga, ao candidatar-se à vaga ofertada, foi preterida a um rapaz, porque estava no início da gestação, embora o superasse em todos os quesitos* (parágrafo 3).

A autora utiliza uma linguagem comum, com sintaxe e vocabulário simples. Vale-se do presente do indicativo, uma vez que discute um tema atual. Usa fórmulas para encadear o texto, como: *a primeira observação* (introdutória); *é por isso que* (conclusiva); *sem dúvida alguma* (concessiva); *no entanto, embora, mas* (de reserva) e *além disso* (enumeração). Emprega a terceira pessoa para discutir o tema e a primeira pessoa ao narrar um fato pessoal, que serve para ilustrar a preferência das empresas por contratar homens a mulheres.

Nessa dissertação, constatam-se as qualidades discursivas mencionadas por Guedes (2002, p. 273). Possui *unidade temática*, pois a produtora apresenta claramente uma questão, e não se desvia dela. Também há *objetividade*, uma vez que analisa com precisão o assunto proposto. A *concretude* manifesta-se através das descrições, como na menção ao conteúdo da *Declaração Universal dos Direitos Humanos,* no fato narrado, na enumeração de exemplos, entre outros. O *questionamento* está presente na medida em que a autora aborda um problema que a incomoda e instiga o leitor a compartilhar da solução.

8.4   Atividades

I. Leia o texto abaixo e responda as questões:

INTERNET: PONTE OU MURO ENTRE AS PESSOAS?

Maura Coradin Pandolfo

1   A internet é um grande passo rumo aos avanços tecnológicos do século XXI. Ela é cada vez mais utilizada nos quatro cantos do mundo por pessoas que têm a intenção de se informar, manter contato com os semelhantes e facilitar sua vida.

Para isso, utilizam *e-mails*, *blogs*, *chats*, *msn*, *sites* de relacionamentos, entre outros meios de aproximação *online*. Muitos indivíduos já se conheceram pela internet: amigos, profissionais e estudantes com interesses em comum, e até mesmo casais. Mas até que ponto essa comunicação virtual é válida? Ela estreita os laços afetivos ou os extingue?

2   É evidente que o uso da internet, de certa forma, afastou os seres humanos no que diz respeito ao contato físico. Se antes telefonávamos e ouvíamos a voz do outro, hoje é mais prático e financeiramente mais em conta enviar um *e-mail* ou uma mensagem instantânea via *msn*, com direito até a um beijo virtual e a um aceno, caso os usuários façam uso de *webcams*. Cartas e telegramas também são quase lembranças do passado, bem como o carinho físico, o beijo e o abraço, que acabam, muitas vezes, ficando para trás, devido à comodidade do meio virtual e à falta de tempo.

3   Contudo, quantos filhos que estão distantes de seus pais se comunicam via internet? Quantos amigos se lembram de você, mandando *e-mails* animados, com belas mensagens? Quantas vezes seu namorado lhe envia um romântico "te amo" pelo *msn*, naqueles dias em que o encontro é quase impossível? Para manter contato e mostrar que lembramos de alguém, temos saudades, gostamos muito daquela pessoa, é que utilizamos a internet. Ela estreita laços afetivos e facilita nossas vidas, pois nem sempre é possível estar na companhia física daqueles que amamos.

4   Que importância tem se o casal se conheceu na rede, trocou ideias, falou de sentimentos que, talvez, ao vivo não tivesse coragem de expressar, e se apaixonou? Que diferença faz se encontramos uma amiga maravilhosa trocando *scraps* pelo *orkut*? Se há empatia e um bom relacionamento, não será a distância que impedirá que uma relação exista. Além do mais, se nos comunicamos virtualmente com amigos que moram em nossa cidade, isso não dispensará que nos encontremos. Ao contrário, ajudará a fortalecer a amizade, que será mantida diariamente, afinal, enquanto estamos num escritório diante do computador, não custa dar uma pausa e abrir a caixa de entrada de *e-mails*. Quem resiste? Além do mais, faz bem saber que se é amado e querido por aqueles que estão à nossa volta, e nem sempre estão presentes fisicamente.

5   A internet veio para estreitar os laços afetivos e não para extingui-los, uma vez que a utilizamos para demonstrar nossos sentimentos por alguém. O importante é ter bom senso para utilizá-la, não extrapolando e passando horas diante do computador, pois não podemos fazer com que ela substitua o calor humano que cada um tem para oferecer.

1) Considerando o significado das palavras na dissertação, numere adequadamente:

(1) semelhantes (*parágrafo 1*)

(2) virtual (*parágrafo 1*)

(3) extingue (*parágrafo 1*)

(4) empatia (*parágrafo 4*)

(5) estreitar (*parágrafo 5*)

(6) extrapolando (*parágrafo 5*)

( ) afinidade   ( ) fortalecer

( ) eletrônica   ( ) alegria

( ) exagerando   ( ) parecidos

( ) elimina   ( ) extraviando

2) Explique o significado dos seguintes termos:

a) *e-mails*:

b) *blogs*:

c) *chats*:

d) *msn*:

e) *orkut*:

f) *scraps*:

g) internet:

3) Qual é a questão que a autora discute na *situação-problema* (parágrafo 1)?

4) Destaque os argumentos que a produtora usa para defender seu ponto de vista na *discussão*.

5) Na *discussão*, a autora apresenta pontos negativos acerca do uso da internet. Indique-os.

6) Qual é a *solução-avaliação* proposta na dissertação escolar?

7) Qual é o tempo verbal predominante na dissertação? Justifique com exemplos do próprio texto.

8) Em que medida as qualidades discursivas propostas por Guedes (2002) – *unidade temática*, *objetividade*, *concretude* e *questionamento* – se fazem presentes nessa dissertação?

9) Assinale o item que corresponde ao nível de linguagem empregado no texto. Apresente uma justificativa para sua resposta.

( ) Familiar;   ( ) comum;   ( ) cuidada;   ( ) oratória.

10) Faça um resumo da dissertação escolar analisada.

II. Produção textual

Diariamente, a mídia divulga notícias sobre o ataque a crianças e adultos por cães das raças *pitbull* e *rottweiler*. Pode-se dizer que essas raças devem ser exterminadas?

Produza uma dissertação escolar, na qual você manifeste o seu ponto de vista sobre essa questão. Procure em livros, revistas, jornais e internet textos que servirão como subsídios. As notícias que seguem também poderão auxiliá-lo. Você lerá a dissertação para seus colegas.

TEXTO 1: CRIANÇA É ATACADA POR *PITBULL* EM SP

Menina de 1 ano e 6 meses foi mordida no pátio da casa onde mora

Uma menina de um ano e seis meses foi atacada na noite deste sábado por um cachorro da raça *pitbull*, em Guarulhos, na Grande São Paulo. Segundo a polícia, a criança foi mordida várias vezes e encaminhada em estado grave para o Hospital Geral de Guarulhos.

Por volta das 8h15min deste domingo, o hospital informou que a menina estava sendo submetida a uma cirurgia, mas não disse qual a intervenção e nem o estado de saúde da criança.

De acordo com informações do *site* G1, a vítima foi atacada na casa onde sua família morava provisoriamente. Ela, a mãe e a irmã, de 9 anos, foram acolhidas pela dona do imóvel. No final da noite, as duas meninas foram até o quintal, onde a criança foi atacada. O caso está registrado no 7º Distrito Policial de Guarulhos.

CRIANÇA é atacada por pitbull em SP. *Zero Hora*, Porto Alegre, 15 jun. 2008. Disponível em: <http://www.clicrbs.com.br/zerohora/jsp/default.jspuf=1&local=1&section=Geral&newsID=a1973368.xml>. Acesso em: 24 jun. 2008.

TEXTO 2: ENTERRADA EM IVOTI MENINA MORTA POR *ROTTWEILER*

Paola Daiana Sartori Rocha, sete anos, foi atacada pelo animal na manhã de ontem

Foi enterrado às 11h de hoje, no Cemitério Municipal de Ivoti, no Vale do Sinos, o corpo de Paola Daiana Sartori Rocha, de sete anos. A menina foi morta na manhã de ontem, depois de ser atacada por um *rottweiler* em uma chácara em Dois Irmãos.

Ninja, o cão que a feriu, permanecia preso na lavanderia ao lado do canil onde vivia, machucado com um tiro na cabeça e diversos ferimentos à bala. O proprietário da chácara, o advogado Ruy Gerhardt Barbosa, espera a chegada de um adestrador, para quem pretende doar o animal. Caso o profissional não o queira, a intenção é sacrificar o *rottweiler*.

PSCHICHHOLZ, R. Enterrada em Ivoti menina morta por rottweiler. *Zero Hora*, Porto Alegre, 25 dez. 2007. Disponível em <http://zerohora.clicrbs.com.br/zerohora/jsp/default.jsp?f=1&local=1&newsID=a1717773.xml>. Acesso em: 24 jun. 2008.

✍ TEXTO 3: *PITBULLS* PODEM RECEBER *CHIPS*

Uma reunião agitada, ocorrida na quarta-feira no Ministério Público (MP) de Caxias do Sul, parece ter sido o primeiro passo para solucionar a circulação de cães perigosos no município.

Depois de discussões sobre matar ou não animais, o consenso foi propor a implantação de *microchips* em todos os *pitbulls* da cidade. A medida, sugerida depois que dois cães da raça mataram uma idosa no dia 7, facilitaria o rastreamento e a fiscalização dos animais e será discutida pela Câmara de Vereadores na próxima semana.

Os representantes da Brigada Militar (BM), Polícia Ambiental (Patram), Sociedade Amigos dos Animais (Soama) e Secretarias Municipais da Saúde e do Meio Ambiente, presididos pela promotora Janaina de Carli dos Santos, também querem proibir o comércio de *pitbulls* em Caxias. Todos os filhotes, machos e fêmeas, devem ser castrados para, gradativamente e sem matar animais, reduzir cães dessa raça na cidade.

– Decidimos começar pelos *pitbulls* porque a maioria dos acidentes que têm ocorrido no país envolvem a raça. Não é por causa da morte da idosa, há alguns dias, até porque, no futuro, pretendemos que a "microchipagem" seja estendida para outras raças – explicou a promotora.

Veterinários e adestradores de cães defendem o uso dos *chips* em *pitbulls* para coibir o abandono e diminuir as ocorrências de ataques. Eles acreditam que a facilidade na identificação do proprietário reduzirá o número de cães soltos ou criados sem condições de saúde ou adestramento.

– O *chip* não vai amansar um *pitbull*, mas o simples fato de o dono poder ser identificado é muito importante para evitar que pessoas despreparadas tenham um animal dessa raça – argumenta o criador e adestrador Marcelo Marcilio, membro do Kennel Club de Caxias do Sul.

MACHADO, J.H. Pitbulls podem receber chips. *Zero Hora*, Porto Alegre, 20 jun. 2008. Geral, p. 45.

Anúncio publicitário

O anúncio publicitário é um gênero jornalístico que tem por finalidade convencer as pessoas na escolha de um produto ou serviço. É veiculado em jornais, revistas, folhetos, mala direta, *outdoor*, internet, entre outros. Esse gênero conjuga fatores psico-sociais-econômicos e um enorme conjunto de efeitos retóricos para concretizar a sua função. Emprega argumentos para persuadir o interlocutor acerca da excelência e necessidade dos objetos divulgados.

Para Koch, a interação social através da língua caracteriza-se pela argumentatividade. O homem avalia, julga, critica, isto é, forma juízos de valor. Através do discurso, ele tenta influenciar o comportamento do outro ou fazer com que compartilhe certas opiniões. É por essa razão que argumentar constitui o ato linguístico fundamental, pois a todo e qualquer discurso subjaz uma ideologia (1993, p. 19). Todo anúncio publicitário, portanto, traz marcas de subjetividade.

Esse gênero pertence à ordem do *argumentar*, porque é lançado intencionalmente por parte de um sujeito com o objetivo de persuadir o interlocutor. A tipologia textual de base é a dissertativa. Também pode fazer uso de sequências narrativas, descritivas, dialogais, injuntivas, entre outras, para dar suporte à argumentação (relatos resumidos, descrições precisas, diálogos breves, conselhos etc.).

O anúncio tem uma estrutura variável, mas geralmente possui *título*, *texto* e *assinatura*. Veja:

➡ a) **Título:** é original para chamar a atenção do leitor. É colocado em destaque, com o uso de negrito, itálico, letras maiúsculas etc.

➡ b) **Texto:** apresenta o produto ou serviço; expõe o máximo de informações para que se possa conhecê-lo e utiliza argumentos consistentes para o convencimento. Normalmente, emprega a imagem para complementar o texto, e esses dois elementos se articulam, formando uma unidade. O aspecto visual proporciona ao leitor a aproximação

LEITURA E PRODUÇÃO TEXTUAL

com o produto ou serviço oferecido, e confere ao texto um maior grau de precisão. A mensagem linguística exerce controle sobre a imagem e sobre o interlocutor, e garante que os significados tenham relação com o produto ou serviço anunciado.

c) **Assinatura:** geralmente aparece no final do anúncio e consiste no logotipo ou marca do anunciante. Porém, a assinatura pode constar no início do texto, principalmente nos anúncios veiculados na internet. Em muitos dos anúncios escritos, identifica-se também o nome da agência publicitária que os produziu.

A linguagem empregada é a comum, com um vocabulário claro, simples e direto, e sempre voltada para o público que pretende atingir. Ela tem caráter apelativo, pois busca modificar comportamentos do interlocutor. Segundo Kaufman e Rodríguez, na estrutura profunda do anúncio, estão as frases imperativas, como: *compre tal coisa, faça de tal maneira, faça isto*, modificadas na superfície pelo ocultamento do verbo comprar, mediante um trabalho retórico do publicitário (1993, p. 41). Os verbos no imperativo também podem aparecer de forma explícita. Há ainda o emprego do presente do indicativo.

Na construção do gênero, usam-se diversos recursos, especialmente figuras de linguagem, jogos de palavras, polissemias, técnicas argumentativas, oposições, ambiguidades, novos sentidos, grafias e letras diversificadas. Utilizam-se abreviaturas, mas não em excesso.

Resumindo · · · · · ·

O anúncio publicitário:
- é um gênero jornalístico que objetiva persuadir o interlocutor na escolha de um produto ou serviço;
- vale-se de pequenos relatos, descrições objetivas e diálogos curtos;
- possui caráter persuasivo;
- usa a imagem como complementação do texto;
- pertence à ordem do *argumentar*;
- apresenta geralmente a seguinte estrutura: *título*, *texto* e *assinatura*;
- faz uso, predominantemente, da linguagem comum;
- utiliza normalmente verbos no presente do indicativo e no modo imperativo;
- emprega figuras de linguagem, jogos de palavras, polissemias, técnicas argumentativas, oposições, ambiguidades, novos sentidos, grafias e letras diversificadas.

9.1 Análise de um anúncio publicitário

Inscrições: até 2 de dezembro - Prova: 14 de dezembro de 2008

Provas
As provas serão realizadas no dia 14 de dezembro, na cidade onde funciona o curso escolhido pelo candidato. Os candidatos deverão estar no local das provas às 8h30min. As provas terão início às 9 horas.

A prova constará de uma Redação e de 50 questões objetivas.
- **Redação** - Prova valendo 10 pontos, que poderá ser substituída pela nota da Redação do Exame Nacional do Ensino Médio (ENEM).
- **Língua Portuguesa** - Prova com 10 questões objetivas, valendo 10 pontos.
- **Língua Estrangeira** - Prova com 10 questões objetivas, valendo 10 pontos. O candidato poderá optar por Inglês ou Espanhol.
- **Conhecimentos Gerais** - Prova com 10 questões objetivas, valendo 10 pontos, que poderá ser substituída pela nota da prova de Conhecimentos Gerais do ENEM. A prova é interdisciplinar e envolve conteúdos de Literatura Brasileira, História, Geografia, Matemática, Física, Química e Biologia.
- **2 Matérias Específicas** da área do curso escolhido pelo candidato (quadro das matérias específicas por curso) - Duas provas com 10 questões objetivas cada uma, valendo 10 pontos cada.

Programas
De acordo com a Resolução nº 24/08, de 24 de junho de 2008, do Conselho de Ensino, Pesquisa e Extensão da Universidade de Caxias do Sul, os programas que nortearão a elaboração das provas do Vestibular de Verão 2009 ficaram assim definidos:

- Redação
- Língua Portuguesa
- Literatura Brasileira
- Língua Estrangeira
- História
- Biologia
- Química
- Geografia
- Física
- Matemática
- Conhecimentos Gerais
- [...]

VESTIBULAR de verão. *Universidade de Caxias do Sul*, Caxias do Sul, 2008. Disponível em: <http://www.ucs.br/ucs/vestibular/vestibularverao2009/programa_provas/apresentacao>. Acesso em: 21 nov. 2008. – Adaptado.

O anúncio do vestibular de verão da Universidade de Caxias do Sul foi veiculado na internet, no *site* da instituição, em novembro de 2008. Apresenta a seguinte estrutura: *título, texto* e *assinatura*.

O *título* do anúncio, VESTIBULAR DE VERÃO, está em destaque, na parte superior à direita, para ressaltar o evento.

O anúncio publicitário apresenta várias estrelas superpostas na parte superior esquerda, provavelmente representando o sol. Talvez se possa dizer que a escolha do sol deve-se ao fato dessa prova de seleção para o ingresso na universidade acontecer no verão. Há também uma relação do anúncio com o símbolo da UCS, que é uma estrela de seis pontas.

Logo abaixo do título, há uma frase em destaque, *Você é a estrela deste universo,* que remete à importância do estudante para a instituição. A sentença estabelece relação com o logotipo da UCS e a imagem das estrelas superpostas.

No anúncio, consta ainda a imagem de uma moça sorridente com a qual o interlocutor poderá se identificar, uma vez que a grande maioria dos vestibulandos é jovem. Na parte inferior da imagem, há informações sobre o período de inscrições para o vestibular e a data da prova.

O *texto* esclarece a data, o horário e o local da prova. Também explicita como a prova se organiza: redação e cinquenta questões objetivas que envolvem língua portuguesa, língua estrangeira, conhecimentos gerais e duas matérias específicas da área do curso escolhido pelo vestibulando. Coloca ainda o valor das questões que comporão as provas.

Na sequência, o anúncio aponta a legislação que dá suporte aos programas que nortearão as provas do vestibular. Enumera as disciplinas, no formato de *links*, através dos quais o candidato tem acesso a um hipertexto que contém a descrição dos conteúdos.

A *assinatura* está na parte superior do anúncio, que consiste na presença do logotipo e do nome da instituição que anuncia o vestibular (*Universidade de Caxias do Sul*).

No anúncio, as imagens complementam o texto escrito e possibilitam a aproximação do vestibulando com a instituição, tornando o texto mais adequado à finalidade a que se destina. O gênero explora ainda técnicas de hipertexto associadas a características multimídia.

LEITURA E PRODUÇÃO TEXTUAL

9.2 Atividades

I. Leia o anúncio publicitário que segue e resolva as questões propostas.

CETEC (Ensino Médio) – Unidade Caxias do Sul

Matrículas

Efetivação de matrícula
Para efetivar a matrícula, os candidatos devem dirigir-se à Secretaria Escolar (Bloco B, Cidade Universitária), nos seguintes horários: das 8h30min às 11h30min e das 13h30min às 17h30min.
Deve ser apresentada a seguinte documentação:
• 2 vias do Histórico Escolar (prazo de entrega até 15/01/2009);
• Atestado de Saúde e Eletrocardiograma;
• Formulário do Seguro Educacional preenchido e assinado pelos responsáveis. Este formulário será entregue ao candidato no momento da reserva de matrícula.

Atenção: os candidatos que não cumprirem os procedimentos estabelecidos no processo seletivo perdem o direito à vaga.

• Se você tem interesse em estudar no CETEC e quer se candidatar a uma vaga, preencha nosso CADASTRO, que entraremos em contato para informar sobre o processo seletivo. Se você deseja conhecer o CETEC, ligue para nós e agende uma visita à escola.

• A secretaria da Escola atende das 8h30min às 11h30min e das 13h30min às 17h30min pelo telefone: (54) 3218-2278.

> **Centro Tecnológico Universidade de Caxias do Sul**
> Diretora Geral: Ana Cristina Possapp Cesa
> Rua Francisco Getúlio Vargas, 1130 - CEP 95070-560 Caxias do Sul - RS - Brasil - Telefone/Telefax: (54) 3218-2278

QUEM faz CETEC se destaca. CETEC, Caxias do Sul. Disponível em <http://www.ucs.br/ucs/cetec/selecao2009/apresentacao>. Acesso em: 21 nov. 2008. – Adaptado.

1) Qual é o título do anúncio publicitário? Onde foi veiculado?

2) Indique o objetivo do anúncio.

3) Nesse anúncio, qual é a tipologia de base? Aponte elementos textuais que comprovem sua resposta.

4) Podemos constatar que, no anúncio, imagem e texto articulam-se, formando uma unidade. Explique essa afirmação e diga qual é a função da ilustração que acompanha o anúncio.

5) A afirmação *Quem faz CETEC se destaca* permite uma leitura mais profunda voltada à intenção do anúncio. Que leitura é essa e qual é o seu objetivo?

6) Assinale a ordem a que pertence o anúncio publicitário *Quem faz CETEC se destaca*. Justifique sua resposta.
a) (   ) Relatar;   b) (   ) argumentar;   c) (   ) expor;
d) (   ) descrever;   e) (   ) narrar.

7) Com relação às características do anúncio publicitário, coloque **V** se a alternativa for verdadeira e **F** se for falsa.
a) (   ) Emprega a linguagem comum.
b) (   ) Utiliza um vocabulário formal e distante do leitor.
c) (   ) Apresenta uma linguagem persuasiva.
d) (   ) Vale-se de uma sintaxe difícil ao leitor comum.
e) (   ) Usa marcadores de linguagem oral (*né*, *viu* etc.).

II. Produção textual
1) Observe as características do gênero e produza um anúncio publicitário de seu curso ou de sua escola, com o objetivo de atrair mais alunos. Seu interlocutor será a comunidade em geral, e o anúncio poderá ser veiculado em jornais da região.

2) Escolha um produto de sua preferência (sapato, bolsa, camisa etc.) e produza um anúncio publicitário sobre o mesmo para ser apresentado aos colegas.

Texto explicativo 10

O texto explicativo consiste em um gênero textual que faz compreender um problema da ordem do saber. A partir do problema apresentado, um sujeito comunica a seu interlocutor a solução, modificando-lhe a percepção anterior.

Conforme Coltier (1987), diante de um problema relacionado com o saber, o texto explicativo questiona o real em duas circunstâncias.

A primeira refere-se à existência de um paradoxo, que causa um certo estranhamento com o sistema estabelecido de explicação do mundo. A autora exemplifica: na questão *por que o Sol parece ser do mesmo tamanho da lua?*, ressalta-se a contradição que existe entre o que se sabe sobre o tamanho real do sol (400 vezes maior do que a lua), sobre as leis da ótica (entre dois objetos, o mais volumoso é o que aparece como sendo o maior) e o fato constatado (o tamanho aparente do Sol não é superior ao da Lua). A explicação desse problema vai decorrer do fato de que o sol é 400 vezes maior do que a lua e encontra-se a uma distância 400 vezes maior, por isso parece ser do mesmo tamanho.

A segunda circunstância em que o texto explicativo questiona o real, segundo Coltier (1987), ocorre na investigação de uma evidência, que consiste em um questionamento sobre um fenômeno normal que se torna objeto de investigação, sem que haja contradição. A autora exemplifica: *Todos os seres vivos têm necessidade de se alimentar para fornecer a energia necessária para a atividade das células, para seu crescimento, para seu sustento [...]. Como fazem as plantas para se alimentar?*

No exemplo citado, há um fato conhecido: as plantas se alimentam. Ele é problematizado pelo texto como uma explicação a ser dada, necessitando, para isso, de mais informações a respeito do fenômeno.

Nos dois casos apresentados, tanto na existência de um paradoxo quanto na investigação de uma evidência, o texto explicativo constrói *enigmas* a serem explicados a um interlocutor, mediante um raciocínio lógico que conduz a uma conclusão. O problema deixa de existir e torna-se um fenômeno normal. Por meio da explicação, todos os conhecimentos anteriores podem ser modificados no todo ou em parte.

A função social desse gênero é transmitir e construir conhecimentos, portanto, pertence à ordem do *expor*. Segundo Bronckart (1999, p. 229), o raciocínio explicativo apresenta as seguintes fases:

➡ a) **constatação inicial:** introduz um fenômeno não contestável;

➡ b) **problematização:** explicita uma questão da ordem do porquê ou do como;

➡ c) **resolução:** responde à questão colocada;

➡ d) **conclusão-avaliação:** formula e completa a constatação inicial.

De acordo com Coltier (1987), no texto explicativo, normalmente, os enunciados são compostos por três categorias: os enunciados *descritivos*, os *explicativos* e os *balizados*. Observe:

➡ a) **Enunciados descritivos:** apresentam o fenômeno a ser explicado. O enunciador, como mero observador, registra os fatos de modo objetivo. Os verbos normalmente estão no presente ou no imperfeito do indicativo (pode, tinha, ocasionava). Há ausência dos pronomes em primeira e segunda pessoa.

➡ b) **Enunciados explicativos:** oferecem uma solução. A escolha dos tempos verbais dependerá do modo como se processa a explicação. Em caso de *antecipação de hipóteses*, ou da retomada de certas explicações, ocorre frequentemente o emprego do *futuro do pretérito* (poderia, ocasionaria). Quando se vai para a *solução,* o enunciado compreende uma sequência de asserções no *presente do indicativo* (ocasiona, resulta).

➡ c) **Enunciados balizados:** comentam o desenvolvimento do texto, assinalando as diversas etapas. Pode haver o emprego dos pronomes (eu, nós, se); de fórmulas imperativas (observe-se, analisemos); de verbos no futuro do presente (começaremos por, analisaremos) e de expressões que orientam o leitor (primeiramente, agora, em segundo lugar, depois, finalmente).

Para a resolução de um problema, o texto explicativo faz uso de substituições nominais, nas quais o enunciador seleciona certos traços do objeto, manifesta seu ponto de vista e orienta o interlocutor, impondo a colocação do objeto numa perspectiva particular (sol – bola de gás em fusão, bola de fogo ou massa de hidrogênio).

As nominalizações são muito importantes na explicação, na medida em que dão um nome ao que foi dito, sintetizando um conceito. Coltier (1987) apresenta um exemplo: *Quando os animais e as plantas morrem, seu corpo apodrece e acaba por desaparecer na terra. O apodrecimento é provocado por organismos tais como as bactérias ou os fungos, que são chamados decomponentes.*

Também as orações relativas são muito empregadas, pois permitem operar restrições no campo das representações. Exemplo: O sol, *que é um astro,* ilumina a terra.

Por sua vez, o emprego de paráfrases possibilita esclarecer conceitos e favorecer a compreensão do interlocutor.

Os operadores argumentativos são indispensáveis na organização lógica da explicação. Eles articulam as partes do discurso e auxiliam na construção do raciocínio para se chegar à solução do problema. Veja alguns exemplos: adição (e, ainda, também); oposição (porém, contudo, no entanto); causalidade (porque, já que, devido a) e conclusão (logo, portanto). Os advérbios também têm a função de estabelecer a unidade da sequência textual (inicialmente, em primeiro lugar, em segundo lugar, a seguir, finalmente).

O texto explicativo sempre leva em conta quem é o seu interlocutor, qual é o seu nível sociocultural, qual é a sua idade, quais são os seus interesses, entre outros aspectos. Isso determinará as escolhas lexicais e o grau de abstração. Se a explicação for dirigida para um especialista de determinada área, a linguagem será mais complexa; se for para um interlocutor comum, o vocabulário será fácil e a sintaxe, simples. Normalmente, as interrogações são diretas, mas as indiretas também são empregadas ao se propor uma questão. Pode haver ainda a presença de tabelas, gráficos e ilustrações para servir de complementação ao texto e lhe conferir maior concretude.

Resumindo · · · · · ·

O texto explicativo:
- tem sempre uma questão como ponto de partida;
- responde a um problema da ordem do saber: pode partir de um paradoxo ou da investigação de uma evidência;
- pertence à ordem do *expor*;
- apresenta as seguintes fases: *constatação inicial, problematização, resolução* e *conclusão-avaliação*;
- abrange três tipos de enunciados: *descritivos, explicativos* e *balizados*;
- emprega substituições, nominalizações, orações relativas e operadores argumentativos;
- vale-se de tabelas, gráficos e ilustrações.

10.1 Análise de um texto explicativo

PORTA INTELIGENTE

Quando nos aproximamos de uma porta automática, ela se abre. Como pode se abrir sem que ninguém a toque?

1   No corre-corre do dia a dia, deixamos de perceber alguns objetos e serviços que fazem parte de nossa vida e, caso não existissem, tudo seria muito diferente. Entre eles, temos as portas automáticas, que geralmente são instaladas em *shoppings*, estações rodoviárias e aeroportos, ou seja, em locais em que a circulação de pessoas é constante.

2   As portas automáticas consistem em aberturas, geralmente de vidro, que facilitam a entrada e saída de pessoas, pois dispensam o uso de maçanetas para abri-las. Seu funcionamento se dá mediante vários sensores que acusam a presença de seres ou objetos na área para a qual seu feixe de ondas está direcionado. Os sensores são acoplados aos dois lados da porta, dentro e fora do ambiente; emitem micro-ondas em determinada área e, quando algum ser está presente no local de abrangência das ondas, enviam um sinal eletrônico para um motor. Este, por sua vez, movimenta correias dentadas com base de aço que fazem a porta deslizar sobre roldanas de náilon e rolamentos. Assim, a porta se abre. No momento em que o sensor deixa de captar o ser ou objeto que o acionou, a porta se fecha automaticamente.

3   Segundo Carneiro, Araújo e Lemos, a porta inteligente permanece aberta enquanto alguém estiver no local. Quando não houver mais ninguém nas proximidades, um *timer* deve mantê-la aberta durante alguns instantes para, depois, acionar o fechamento.

4   Em portas automáticas mais simples, o processo não é tão seguro. Conforme Luciano Antônio Massoco, professor do Curso de Engenharia de Produção da UCS, os sensores das portas *comoditie* são bastante simples e baratos, por isso sua programação, na verdade, é de identificação de movimento/calor. "Os sensores agem a partir de um estímulo mínimo de cerca de cinco quilos, ou seja, um cachorro de porte médio, por exemplo, pode acionar a abertura da porta; o mesmo não acontece com um pequeno pássaro. Além disso, se uma pessoa resolver ficar parada no meio da porta, os sensores não receberão o estímulo, e a porta se fechará, o que pode provocar, no mínimo, um susto no indivíduo", explica o professor. Massoco afirma também que, "como a capacidade de resistência ao atrito dessas portas, em geral, não é tão grande, elas não oferecem grandes riscos caso a pessoa venha a ficar presa no meio da abertura; afinal, a força de um adulto será capaz de inibir o movimento".

5   No sistema das portas inteligentes, está acoplado um botão de emergência para ser utilizado se ocorrer mau funcionamento do sensor de micro-ondas. Quando isso acontece, a porta é aberta através desse botão. Fica instalado, também, um *no-break*, que armazena energia elétrica, e, caso haja falta de energia, ele alimenta todo o sistema eletrônico da porta, fazendo-a funcionar normalmente.

6   Dessa forma, resta-nos apenas usufruir dessa inovação que, assim como várias outras invenções elétricas e eletrônicas, tanto facilitam nosso cotidiano.

Ivanete Mileski

LEITURA E PRODUÇÃO TEXTUAL

Referência

CARNEIRO, Marcos L.; ARAÚJO, Sérgio G.; LEMOS, Rodrigo P. Programação genética aplicada à linguagem ladder. In: *VIII Conferência Internacional de Aplicações Industriais*. Poço das Caldas, 2008.

Esse é um texto explicativo, pois responde a uma questão da ordem do saber e faz com que o leitor compreenda um fenômeno. Desempenha uma função social, que é a de transmitir e construir conhecimentos. Pertence, portanto, à ordem do *expor*.

O texto apresenta as seguintes fases:

a) *Constatação inicial*: quando nos aproximamos de uma porta automática, ela se abre.

b) *Problematização*: como a porta pode se abrir sem que ninguém a toque? (há uma questão acerca da realidade como ponto de partida para resolver).

c) *Resolução*: esse fenômeno ocorre porque as portas automáticas funcionam mediante sensores que acusam a presença de seres ou objetos na área de abrangência de seu feixe de ondas. Os sensores enviam um sinal eletrônico para um motor que movimenta correias dentadas com base de aço, e isso faz com que a porta deslize sobre roldanas de náilon e rolamentos.

Nessa parte, predominam os enunciados descritivos e explicativos. As sequências descritivas (parágrafo 2) são utilizadas para apresentar o fenômeno que faz com que a porta automática se abra sem que ninguém a toque. Esse fenômeno se torna inteligível mediante enunciados explicativos (parágrafos 3, 4 e 5) que mostram o funcionamento das portas automáticas. As vozes de autoridade do professor Massoco e dos pesquisadores Carneiro, Araújo e Lemos dão suporte a essa explicação.

d) *Conclusão-avaliação*: as portas automáticas são importantes, como as demais invenções elétricas e eletrônicas, uma vez que seu uso traz bem-estar e torna o cotidiano mais fácil.

A coerência do texto é garantida por substituições (*dessas portas, desse botão*), por pronomes (*nosso, seu*) e por vocábulos do mesmo campo semântico (*portas automáticas, sensores, feixe de ondas, micro-ondas, sinal eletrônico*). A organização lógica também é mantida através de operadores argumentativos (*caso, ou seja, quando, pois, assim, segundo, conforme, por isso, além disso, também, dessa forma*) e orações relativas (*que armazena energia elétrica; que acusam a presença de seres ou objetos*).

10.2 Atividades

I. Leia o texto que segue e resolva as atividades.

POR QUE É TÃO DIFÍCIL VOLTAR?

1   Muitas pessoas têm dificuldades para fazer o movimento de retorno às suas atividades após um período de férias. Essa retomada do trabalho é sentida com uma enorme angústia. Mas por quê? Por que é tão difícil, após recarregar as baterias nas férias, voltar às atividades do cotidiano?

2   Isto se dá porque, durante as férias, os problemas de convívio com o grupo de trabalho e os chefes e a falta de motivação para desempenhar a função ficam suspensos, se não esquecidos, deixados para trás.

3   Essas dificuldades no trabalho, cujo contato é evitado durante as férias, geram repercussões negativas em diversas áreas da vida (familiar, conjugal, social). A época das férias, quando utilizada como refúgio para problemas profissionais, passa a não servir como momento necessário para o restabelecimento do indivíduo. Aquilo que se procura evitar acaba ficando presente na mente, consciente ou inconscientemente, apesar de muitos acreditarem que podem se distanciar ou até esquecer os problemas relacionados ao trabalho indo para as férias.

4   De acordo com a teoria psicanalítica, os problemas ou conflitos que não são pensados, que encobrimos, que deixamos para trás, manifestam-se sob outras formas, podendo se transformar em sintomas no corpo ou na mente. Durante o trabalho, temos um contato maior com nosso projeto de vida e o que ainda falta para a realização desse, aonde queremos chegar profissionalmente. Na retomada do trabalho, temos de nos deparar com algo do que parecia estarmos distantes, mas que se manifestava indiretamente, trazendo-nos inquietação.

5   O sujeito deve ter liberdade de se desligar de seu trabalho e voltar a se ligar novamente. Para que possa ocorrer essa separação, é necessário que ele esteja seguro de sua identidade, saber quem ele é, o que quer ser, para onde quer ir. Muitas vezes, uma pessoa com essa dificuldade tem medo de que, depois das férias, não consiga mais voltar a trabalhar, ou que seu cargo já tenha sido ocupado por alguém melhor.

6   Assim, a saída para lidar com esse sentimento é ir ao encontro de si mesmo, poder investigar os conflitos que há dentro de cada um, conscientes ou não. Com isso, é possível que o sujeito se permita desfrutar não só de suas férias, mas de tudo o que a vida pode oferecer a ele, melhorando sua qualidade de vida e sua relação consigo mesmo e com os outros.

SPRITZER, Marcelo Goldstein. Por que é tão difícil voltar? *Zero Hora*, Porto Alegre, 26 fev. 2009. Disponível em <http://www.clicrbs.com.br/blog/jsp/default.jsp?source=DYNAMIC,blog.BlogDataServer, getBlog&uf=2&local=18&template=3948.dwt&section=Blogs&post=154295&blog=39&coldir=1&topo=3994.dwt>. Acesso em: 20 jul. 2009.

1) *Por que é tão difícil voltar?* se caracteriza como um texto explicativo. Justifique essa classificação.

2) O texto explicativo estrutura-se em *constatação inicial, problematização, resolução* e *conclusão-avaliação*. Aponte essas partes no texto em estudo.

3) Quais as consequências maléficas de se utilizar o período de férias como refúgio para conflitos profissionais?

4) Como se caracteriza a linguagem presente no texto (familiar, comum, cuidada, oratória)? Justifique sua resposta.

5) Qual o tempo verbal que predomina nesse texto explicativo? Por que isso ocorre?

6) Verifica-se no texto o uso de operadores argumentativos a fim de articular o discurso, de modo lógico e coerente. Substitua os seguintes operadores por outros de mesmo sentido e especifique a relação estabelecida:

a) porque (*parágrafo* 2):

b) quando (*parágrafo* 3):

c) apesar de (*parágrafo* 3):

d) de acordo (*parágrafo* 4):

e) mas (*parágrafo* 4):

f) para (*parágrafo* 5):

g) assim (*parágrafo* 6):

II. Que problematização cada pesquisador fez para chegar a essas respostas? Formule uma pergunta para cada texto explicativo.

1) _____

É uma descarga elétrica muito intensa, que ocorre em certos tipos de nuvens e pode atingir o solo, causando prejuízos e ferindo pessoas. O raio é consequência do rápido movimento de elétrons de um lugar para outro. Os elétrons movem-se tão rapidamente que fazem o ar ao seu redor se iluminar (relâmpago) e aquecer-se, resultando num estrondo, o trovão (SAIBA mais. *Correio Riograndense,* Caxias do Sul, p. 16, 25 mar. 2009).

2) _____

Quem pensou no guepardo, enganou-se. Na verdade, o bicho capaz de alcançar a maior velocidade é o falcão peregrino. Trata-se de uma ave de rapina que chega a atingir 320 quilômetros por hora em um voo. O guepardo é o mais rápido em terra. Mesmo assim, não atinge nem metade da velocidade do falcão. Na água, o peixe-agulhão, também conhecido como marlin, é o mais veloz.

O falcão peregrino vive principalmente no Canadá e nos Estados Unidos, mas pode vir ao Brasil em períodos migratórios. Ele se alimenta de outras aves, como pombos domésticos. O biólogo Guilherme Domenichelli, da Fundação Parque Zoológico de São Paulo, explica que o *habitat* natural do falcão são os grandes penhascos, mas nas cidades a ave acabou se adaptando a construir ninhos em prédios altos. Ele é um caçador solitário que, quando alcança sua presa, derruba-a com as garras e mata o animal com seu bico.

O falcão peregrino pode ter entre 38 e 53 centímetros de comprimento e sua envergadura é capaz de atingir quase dois metros. Geralmente, as fêmeas são maiores e mais pesadas que os machos, podendo pesar até 1,5 quilo. A espécie se reproduz uma vez por ano. Coloca três ou quatro ovos de cada vez, que são incubados pelo casal por cerca de um mês (CAMPEÕES de velocidade. *Correio Riograndense*, Caxias do Sul, 27 fev. 2008. Correio sabe-tudo, p. 15).

3) _____

A má postura prejudica o funcionamento da coluna vertebral. Olhando-se a pessoa de frente, sua postura deverá ser reta. De perfil, poderão ser observadas curvaturas ditas fisiológicas, tais como lordose cervical, cifose dorsal, lordose lombar e cifose sacrococcígea. Sempre que ocorrer um exagero, uma retificação ou uma inversão dessas curvaturas, ocorrerá uma má postura, que exigirá uma avaliação ortopédica. Na ausência de problemas orgânicos, recomenda-se atividade física orientada que ajudará a manter a postura correta, com ganho de qualidade de vida (ZYLBERSTEJN, Sergio. Má postura. *Zero Hora*, Porto Alegre, 7 jun. 2008. Geral, p. 44).

III. **Produção textual**

1) O jornal *Zero Hora*/RS publicou um texto explicativo *online* para responder a uma pergunta de um leitor: *Há alguma vantagem em colocar dois programas antivírus no mesmo computador para aumentar a proteção e segurança nas transações?*

Escreva um texto explicativo com coesão e coerência, a partir das informações do jornal que seguem, utilizando os recursos linguísticos adequados (pronomes, operadores, advérbios etc.).

a) Os programas antivírus são serviços inicializados junto com o sistema operacional.

b) Os programas antivírus têm "vida própria".

c) Os programas antivírus trabalham de forma não gerenciada pelo sistema operacional.

d) Dois programas antivírus numa mesma máquina significa haver dois softwares independentes concorrendo entre si na procura de um objeto comum: o vírus.

e) Um programa antivírus interfere na ação executada pelo outro programa antivírus.

f) A existência de dois programas antivírus no mesmo computador simultaneamente é ineficiente e imprópria.

g) O ideal é utilizar apenas um programa antivírus.

h) Os programas antivírus pagos têm uma proteção maior do que antivírus não pagos.

i) Alguns programas antivírus pagos são melhores do que outros programas antivírus pagos em quesitos como proteção, utilização de recursos da máquina e interação com o usuário.

2) Com base nos diferentes assuntos que seguem, produza textos explicativos que respondam às questões propostas. Pesquise em livros, revistas e na internet a respeito de cada tema.

a) **Assunto:** Forno micro-ondas

Observação: O micro-ondas aquece rapidamente os alimentos.

Questão: Como acontece o aquecimento dos alimentos no forno micro-ondas?

b) **Assunto:** A chuva

Observação: Quando a chuva se aproxima, as nuvens tornam-se escuras.

Questão: Qual é o processo natural que desencadeia a chuva?

3) Todo provérbio traz um conhecimento já consagrado. Explique os provérbios que seguem.

a) Filho de peixe, peixinho é.

b) Quem com ferro fere, com ferro será ferido.

c) Água mole em pedra dura tanto bate até que fura.

d) Quem quer colher rosas deve suportar os espinhos.

e) A repetição deixa marcas até nas pedras.

4) Os ditos populares presentes em para-choques de veículos são consenso entre os indivíduos. Como você explica os ditos que seguem?

a) Não faça de seu carro uma arma; a vítima pode ser você.

b) A velocidade que emociona é a mesma que mata.

c) Quem acredita que pode ser feliz amanhã, começa a ser infeliz hoje.

d) É na margem do atoleiro que se conhece o cavaleiro.

e) Não troque sua roseira preferida por falsos botões.

5) Produza um texto explicativo, para ser lido aos colegas, respondendo à seguinte questão: As frutas são essenciais à nossa saúde. Quais são os benefícios da maçã? (indicar a cada aluno o nome de um vegetal ou fruta).

Operadores argumentativos 11

Os operadores argumentativos são essenciais na leitura e produção textual, especialmente nos gêneros das ordens do *argumentar* e do *expor*. São elementos linguísticos importantes na argumentação, uma vez que estabelecem relações entre os segmentos do texto: orações de um mesmo período, períodos, sequências textuais, parágrafos ou partes de um texto.

Segundo Koch, os operadores argumentativos servem para orientar a sequência do discurso, ou seja, para determinar os encadeamentos possíveis com outros enunciados capazes de continuá-lo (1993, p. 104-105). Para a autora, funcionam como operadores argumentativos as preposições, os advérbios, as conjunções, as locuções prepositivas, adverbiais e conjuntivas, e palavras que não se enquadram em nenhuma das dez classes gramaticais, como os denotadores de inclusão e de exclusão.

O emprego adequado dos operadores argumentativos garante a produção de um texto coeso e coerente. Seguem no quadro os operadores mais utilizados:

Exemplos	Operadores argumentativos
José Bernardino levantou cedo **e** acendeu o fogareiro para ferver um café. (José C. Pozenato, *A cocanha*)	**Adição** (e, também, ainda, nem etc.)
	Somam argumentos a favor de uma mesma conclusão.
As palavras caíam-lhe trêmulas e a voz saía-lhe sumida, em parte porque ele forcejava em a abafar **a fim de que** o não ouvissem, em parte porque a comoção lhe comprimia a garganta. (Machado de Assis, *A mão e a luva*)	**Finalidade** (a fim de, a fim de que, com o intuito de, para, para que, com o objetivo de etc.)
	Indicam uma relação de finalidade.

LEITURA E PRODUÇÃO TEXTUAL **103**

Houve quem perguntasse: bebemos **por- que** já somos loucos ou ficamos loucos **porque** bebemos? (Lima Barreto, *O cemitério dos vivos*)	**Causa e consequência** (porque, pois, visto que, já que, em virtude de, uma vez que, devido a, por motivo de, graças a, em razão de, em decorrência de, por causa de, como, por isso que etc.)
	Iniciam uma oração subordinada denotadora de causa.
O menino parou de chorar, **porque** tinha brio, mas como doía seu coração! (Rubem Braga, *História triste de Tuim*)	**Explicação** (porque, pois, já que etc.)
	Introduzem uma justificativa ou explica- ção relativa ao enunciado anterior.
Tentou rezar, **mas** não conseguiu nem terminar uma Ave-Maria. (José C. Po- zenato, *A cocanha*)	**Oposição** (mas, porém, contudo, todavia, entretanto, no entanto, embora, muito embora, ape- sar de, não obstante, ao contrário etc.)
	Contrapõem argumentos voltados para conclusões contrárias.
É inútil ir até a China **se** não saímos da bolha onde vivemos. (Rubem Alves, *Desembarcar*)	**Condição** (caso, se, contanto que, a não ser que, a menos que, desde que etc.)
	Indicam uma hipótese ou uma condição necessária para a realização ou não de um fato.
O pássaro só é encantado **quando** é livre. (Rubem Alves, *Inspiração*)	**Tempo** (quando, em pouco tempo, em muito tempo, logo que, assim que, antes que, depois que, sempre que etc.)
	Indicam uma circunstância de tempo.
A razão de tal sentimento é a tristeza que vejo nos padrinhos, **à medida que** se aproxima o dia 24. (Machado de Assis, *Memorial de Aires*)	**Proporção** (à medida que, à proporção que, ao passo que, tanto quanto, tanto mais etc.)
	Iniciam uma oração que se refere a um fato realizado ou para realizar-se simultaneamente a outro.

Não se deliberam sentimentos; ama-se ou aborrece-se, **conforme** o coração quer. (Machado de Assis, *Helena*)	**Conformidade** (conforme, para, segundo, de acordo com, como etc.)
	Exprimem uma ideia de conformidade ou acordo em relação a um fato expresso na oração principal.
Se o nosso amor, **portanto**, nobres damas, vos pertence, as tolices que ele gera vos pertencem também. (William Shakespeare, *Trabalhos de amor perdidos*)	**Conclusão** (portanto, então, assim, logo, por isso, por conseguinte, pois – posposto ao verbo –, de modo que, em vista disso etc.)
	Introduzem uma conclusão relacionada a argumentos apresentados anteriormente.
Lutará para não perder o pouco que tem, **ou** lutará porque não tem nada a perder. (Rubem Braga, *Cristo morto*)	**Alternância** (ou, ou...ou, ou então, quer...quer, seja... seja, ora...ora etc.)
	Introduzem argumentos alternativos, levando a conclusões opostas ou diferentes.
Ele ia andando distraído pela rua quando, repentinamente, o conto lhe veio pronto, **como** a bola chega às mãos do goleiro. (Rubem Alves, *Pensamentos-brinquedos*)	**Comparação** (como, mais...[do] que, menos que, tão [tanto]...como, tão [tanto, tal]...quanto, assim como etc.)
	Estabelecem relações de comparação entre elementos.
Algum tempo hesitei se devia abrir estas memórias pelo princípio ou pelo fim, **isto é**, se poria em primeiro lugar o meu nascimento ou a minha morte. (Machado de Assis, *Memórias póstumas de Brás Cubas*)	**Esclarecimento** (ou seja, quer dizer, isto é, vale dizer etc.)
	Introduzem um enunciado que esclarece o anterior.
O principezinho arrancou **também**, não sem um pouco de melancolia, os últimos rebentos de baobá. (Antoine de Saint-Exupéry, *O pequeno príncipe*)	**Inclusão** (até mesmo, até, mesmo, inclusive, também etc.)
	Assinalam o argumento mais forte, orientando no sentido de uma determinada conclusão.
E na multidão de insetos, imagináveis e inimagináveis, **só** lhe interessava aquele, companheiro noturno vindo de não se sabe onde, a caminho de ignorado rumo. (Carlos Drummond de Andrade, *Visitante noturno*)	**Exclusão** (somente, só, apenas, senão etc.)
	Indicam uma relação de exclusão entre duas orações.

LEITURA E PRODUÇÃO TEXTUAL

11.1 Atividades

I. Verifique o sentido dos operadores argumentativos em negrito nos textos. Numere os parênteses de acordo com o código, indicando a relação estabelecida entre os enunciados.

(01) adição
(02) finalidade
(03) causa e consequência
(04) explicação
(05) oposição
(06) condição
(07) tempo
(08) proporção

(09) conformidade
(10) conclusão
(11) alternância
(12) comparação
(13) esclarecimento
(14) inclusão
(15) exclusão

TEXTO 1: FIEL COMPANHEIRO

Quem já não se surpreendeu com a capacidade de o cão perceber a chegada do carro do dono antes que ele apareça?

Esta aptidão pode ser explicada pela apurada audição dos cães. Eles são capazes de detectar um som quatro vezes **mais** longe **do que** (   ) nós, humanos. **Além disso**, (   ) precisam de **apenas** (   ) seis segundos para identificar de onde vem tal som.

O olfato é outro sentido extremamente desenvolvido nos cães. Eles têm 200 milhões de células receptoras de odores, contra apenas 5 milhões dos homens. **Por esse motivo**, (   ) seu faro é 40 vezes **mais** eficiente **que** (   ) o nosso. **Além dessas** células, (   ) outros fatores tornam o olfato canino tão preciso.

Quando (   ) o cachorro respira, o odor é capturado em uma mucosa espessa **e** (   ) enviado ao cérebro. Ele pode identificar o mais leve aroma e transformá-lo em mensagem química para o cérebro, que tem boa parte de sua área dedicada à interpretação de cheiros. Outros odores **também** (   ) são capturados pelo órgão vomeronasal, localizado próximo à boca do cão.

No que diz respeito à visão, o homem ganha de seu fiel companheiro. Os cães enxergam menos cores e com **menos** detalhes **que** (   ) os humanos. Eles conseguem diferenciar tons de cinza, azul e amarelo, **mas** (   ) não são capazes de distinguir o vermelho do verde e do laranja. Em compensação, a visão lateral dos bichos é mais eficiente. Eles também têm uma terceira pálpebra, que ajuda a manter os olhos limpos.

Para os cães, cheirar pode ser **mais** gostoso **do que** (   ) comer. Eles têm, em média, um quinto das papilas gustativas do homem. **Assim**, (   ) conseguem diferenciar sensações de salgado, doce, amargo e azedo. **Por isso**, (   ) o que os atrai para a comida, primeiramente, é o cheiro. **Só** (   ) depois os cerca de 2.000 receptores de sabor, localizados na parte posterior da língua, entram em ação.

LEITURA E PRODUÇÃO TEXTUAL

O cérebro canino corresponde a apenas 0,5% do peso total do animal, mas recebe 20% do sangue bombeado pelo coração. Isso **porque**, (   ) **apesar de** (   ) pequeno, sintetiza e interpreta as informações coletadas primordialmente pelo olfato, cujo processamento ocupa grande parte do cérebro. Em menor escala e com menos precisão, também interpreta os sinais enviados pela audição, paladar, tato e visão ("FIEL companheiro". *Correio Riograndense*, Caxias do Sul, 10 dez. 2008. Correio sabe-tudo, p. 15).

🐾 TEXTO 2: BICHOS DORMEM DE FORMAS DIVERSAS

Todos os animais dormem?

Se (   ) pensarmos naquele soninho que fazemos diariamente, a resposta é não. Sono **como** (   ) conhecemos **só** (   ) existe em mamíferos, aves e alguns vertebrados. E, **mesmo** (   ) entre estes animais, o sono varia muito, **conforme** (   ) a anatomia, a fisiologia **e** (   ) a necessidade de adaptação do animal ao ambiente em que vive.

Muitos animais não podem dormir em sono profundo **como** (   ) os humanos **porque**, (   ) certamente, seriam presas fáceis para os predadores. **Assim,** (   ) eles possuem vários mecanismos para permanecerem vigilantes. A girafa, por exemplo, geralmente dorme em pé e, só em ocasiões muito especiais, **quando** (   ) se sente completamente segura, deita-se no chão **para** (   ) descansar.

Outros animais, como as aves e alguns mamíferos aquáticos (como baleias e golfinhos), têm o chamado descanso unilateral do cérebro, **ou seja**, (   ) enquanto um lado do cérebro dorme, o outro lado permanece atento.

Esse estado de semiconsciência é que evita que as aves relaxem totalmente a ponto de despencar da árvore durante o sono. É **também** (   ) responsável por não deixar golfinhos e baleias morrerem sufocados enquanto dormem, **já que** (   ) eles precisam estar ao menos parcialmente conscientes para subir à superfície e respirar (XÔ, preguiça. *Correio Riograndense*, Caxias do Sul, 18 jun. 2008. Correio sabe-tudo, p. 15).

II. Empregue o operador argumentativo conforme o sentido indicado.

🐾 TEXTO 1: CURIOSIDADES DO MUNDO ANIMAL

A zebra é branca com listras pretas ou preta com listras brancas?

_____ (*conformidade*) os biólogos, as zebras são brancas com listras pretas, e não o contrário. A informação pode ser confirmada observando-se a barriga da zebra de *grevy* (*eqqus grevy*), que é toda branca, com as estreitas listras pretas cobrindo o resto do corpo.

Os exemplares da espécie não são iguais. Cada indivíduo tem seu padrão diferente de listras, similares às digitais dos seres humanos, às pintas das girafas ou às listras dos tigres.

As listras das zebras são excelentes para a camuflagem. _____ (*tempo*) elas andam em grupo, o preto e o branco dificultam a visão do seu principal predador, o leão. "_____ (*tempo*) percebem a presença do predador, elas correm em

LEITURA E PRODUÇÃO TEXTUAL 107

grupo de um lado para o outro, fazendo com que o leão, que enxerga em preto e branco, não consiga determinar a sua posição exata. Ele não sabe onde começa ou termina uma zebra. Normalmente ele acaba errando o bote _____ (*causa*) não identificar o animal que irá atacar", informa o biólogo Guilherme Domenichelli, da Fundação Parque Zoológico de São Paulo.

_____ (*comparação*) o cavalo, seu parente próximo, a zebra é muito ágil, o que lhe facilita a fuga do seu predador, que precisa atacar direto em seu pescoço _____ (*finalidade*) imobilizá-la. No contato com outros animais ou pessoas, ao contrário dos cavalos, elas são bem selvagens, podendo até morder ou dar coices, _____ (*oposição*) a primeira reação é fugir ("CURIOSIDADES do mundo animal" *Correio Riograndense*, Caxias do Sul, 23 abr. 2008. Correio sabe-tudo, p. 15).

✌ TEXTO 2: MORCEGOS VIVEM DE CABEÇA PARA BAIXO

Por que os morcegos ficam de cabeça para baixo?

Essa posição facilita a saída para o voo. Várias estruturas desses animais sofreram mudanças durante sua evolução, em um período de cerca de 50 milhões de anos, _____ (*finalidade*) adquirissem o hábito de voar.

Os morcegos se desprendem do local onde estão, abrem as asas, planam e, _____ (*tempo*), batem as asas. _____ (*finalidade*) esses animais possam ficar de cabeça para baixo por longos períodos, houve a rotação em 180 graus dos seus membros inferiores: _____ (*esclarecimento*), as plantas dos pés desses animais se voltaram para frente.

A circulação do sangue _____ (*inclusão*) foi modificada. Artérias e veias têm válvulas que, ao serem contraídas, fazem o sangue circular para cima, o que garante que todos os órgãos do corpo recebam oxigênio _____ (*inclusão*) quando ele está de cabeça para baixo.

_____ (*adição*), os tendões permitem que os morcegos prendam-se firmemente pelas garras dos pés a qualquer lugar. Os morcegos podem ser encontrados pendurados de cabeça para baixo _____ (*inclusão*) quando estão mortos. A musculatura e a força imposta pelos tendões permanecem mesmo após a morte. É _____ (*adição*) nessa posição que os morcegos têm seus filhotes ("CURIOSIDADES do mundo animal". *Correio Riograndense*, Caxias do Sul, 23 abr. 2008. Correio sabe-tudo, p. 15).

III. Empregue o operador argumentativo adequado, observando a relação de sentido.

a) A vida é um milagre, _____ viver é uma graça. (*conclusão*)

b) As rosas não falam, _____ exalam perfume. (*oposição*)

c) Desde pequeno eu leio, _____ escrevo bem. (*causa e consequência*)

d) Terás sucesso na vida, _____ te esforçares. (*condição*)

108 LEITURA E PRODUÇÃO TEXTUAL

e) *Próspero* é uma palavra proparoxítona, _____ é acentuada. (*conclusão*)

f) Alimentar-se de forma incorreta causa problemas _____ graves _____ o vício do fumo. (*comparação*)

g) _____ Frei Galvão, é preciso ser forte, ter coragem, viver em união e confiar na Providência Divina. (*conformidade*)

h) _____ estudas, _____ não atingirás teus objetivos. (*alternativos*)

i) Ele entrou, tirou o casaco, sentou na cadeira _____ pegou o livro. (*adição*)

j) Já era primavera _____ voltou da viagem. (*tempo*)

k) Fiz tudo _____ melhorasse sua argumentação. (*finalidade*)

l) O elogio tem valor _____ quando somos sinceros. (*exclusão*)

m) Todos os deputados estaduais estavam presentes, _____ o Ministro da Educação. (*inclusão*)

IV. Articule as sentenças que seguem em um só parágrafo, empregando no mínimo dois operadores argumentativos. Evite as repetições.

1- a) A mente move montanhas.

    b) O indivíduo é um ímã.

    c) O indivíduo atrai o que deseja.

    d) Uma atitude otimista contribui para o sucesso pessoal.

2- a) O pensamento positivo funciona.

    b) Você não vai enriquecer do dia para a noite.

    c) Uma atitude positiva traz benefícios ao organismo.

3- a) A ciência, de um modo geral, desconfia das teorias sobre o pensamento positivo.

    b) Faltam trabalhos acadêmicos que comprovem as teorias sobre o pensamento positivo.

    c) Há muitos relatos de pessoas que afirmam ter obtido sucesso usando o poder do pensamento positivo.

Pontuação 12

A pontuação é um recurso essencial na língua padrão escrita, pois contribui para tornar mais preciso o sentido do que se deseja comunicar. Segundo Cunha e Cintra, a língua escrita não dispõe dos inúmeros recursos rítmicos e melódicos da língua falada, e, para suprir essa carência, serve-se da pontuação (2001, p. 643). Os sinais de pontuação mais empregados são a vírgula, o ponto e vírgula, o ponto final, o ponto de exclamação, o ponto de interrogação, os dois pontos, as reticências, as aspas e o travessão.

12.1 Vírgula

A vírgula é um sinal que marca uma pausa de curta duração. Emprega-se a vírgula para separar elementos de uma oração e orações de um mesmo período.

12.1.1 Casos em que se emprega a vírgula

Utiliza-se a vírgula com as finalidades que seguem.

a) Separar termos que desempenham a mesma função sintática. Ex.: Comi *uma salada mista, um peixe grelhado* e uma batata inglesa no vapor.

b) Isolar o vocativo. Ex.: *Pedro*, estude!

c) Isolar o aposto. Ex.: Machado de Assis, *o maior escritor realista brasileiro*, escreveu *Dom Casmurro*.

d) Isolar o adjunto adverbial deslocado, quando se deseja enfatizá-lo ou se ele for extenso (uso não obrigatório, mas recomendável). Ex.: *Durante as explicações*, sua atenção é indispensável.

e) Separar a localidade da data. Ex.: *Bento Gonçalves*, 26 de maio de 2009.

f) Separar a localidade nos endereços. Ex.: *Rua Xingu*, 213.

g) Marcar a supressão do verbo. Ex.: Eu aprecio Guimarães Rosa, e ela, Jorge Amado.

h) Isolar certas expressões como *por exemplo, além disso, a saber, aliás, digo, ou seja, ou melhor*, entre outras. Ex.: A qualidade de vida pressupõe alguns hábitos, como, *por exemplo*, uma alimentação saudável.

i) Isolar o predicativo deslocado (uso não obrigatório, mas recomendável). Ex.: *Apaixonada*, a moça atirou-se em seus braços.

j) Separar as conjunções conclusivas e adversativas deslocadas. Ex.: (1) Estou ocupada; não contem, *portanto*, comigo. (2) Um dia, *porém*, recebeu Camilo uma carta anônima, que lhe chamava imoral e pérfido, e dizia que a aventura era sabida de todos (Machado de Assis, *A cartomante*).

l) Isolar elementos repetidos. Ex.: Pronto, estou livre – sentiu Ana Lúcia. – *Desquitada, desquitada, desquitada* – repetia sem medo (Ivan Ângelo, *Menina*).

m) Separar as orações coordenadas assindéticas e sindéticas, exceto as introduzidas pela conjunção "e". Ex.: Leia Érico Verissimo, *porque é um dos melhores autores gaúchos*.

Obs.: - É possível usar a vírgula quando há retificação ou alternativa. Ex.: *Ou* praia, *ou* piscina.

- Usa-se geralmente a vírgula nas orações coordenadas unidas pela conjunção "e" quando *os sujeitos forem diferentes*. Ex.: O arco-íris despontava no céu, e o sol surgia entre as nuvens.

n) Separar o complemento do verbo quando aquele vier anteposto. Ex.: *Cigarro*, melhor não se aproximar dele.

o) Separar as orações adjetivas explicativas. Ex.: O sol, *que ilumina e aquece*, é imprescindível à vida.

Obs.: Não se usa a vírgula para separar as orações adjetivas restritivas da oração principal. Ex.: A obra *que possui qualidade* faz sucesso.

p) Isolar as orações intercaladas. Ex.: "É importante que me dedique", *pensou ele*, enquanto respondia às questões da prova.

q) Separar as orações adverbiais deslocadas. Ex.: (1) *Enquanto o resultado da seleção não for divulgado,* ele continuará no mesmo emprego. (2) Seu carro, *embora seja popular*, é confortável.

r) Separar as orações adverbiais reduzidas de particípio, infinitivo e gerúndio. Ex.: (1) *Cansado*, jogava-se no sofá. (2) *A não ser o frio*, a serra gaúcha é excelente para morar. (3) *Contando com sua compreensão*, agradecemos.

12.1.2 Casos em que é proibido o emprego da vírgula

A vírgula é proibida nos casos que seguem.

a) Separar sujeito e predicado.

Ex.: *As frutas* (sujeito) *são fontes de vitaminas* (predicado).

b) Separar o verbo e seus complementos (objeto direto e indireto).

Ex.: Bruna *entregou* (verbo) *o medicamento* (objeto direto) *ao paciente* (objeto indireto).

12.2   Ponto e vírgula

O ponto e vírgula tem um emprego mais específico do que a vírgula, e seu uso depende muito do contexto. Utiliza-se esse sinal de pontuação nos casos que seguem.

a) Isolar as orações coordenadas de uma certa extensão. Ex.: No fim do quarto ato começou a chover um pouco; do meio do quinto ato em diante, a chuva redobrou de violência (Machado de Assis, *Almas agradecidas*).

b) Separar partes de um período que já se encontram subdivididas por vírgulas. Ex.: O verde representa as matas; o amarelo, a riqueza; o azul, a cor do céu e o branco, a paz.

c) Separar duas orações coordenadas, não unidas por conjunção coordenativa (e, mas, ou, nem, pois). Ex.: O convite não era mau; tinha só o inconveniente de vir de um desconhecido (Machado de Assis, *Almas agradecidas*).

d) Isolar orações coordenadas assindéticas de sentido contrário. Ex.: Joel é excelente aluno; Paulo, ao contrário, perturba a aula.

e) Separar orações coordenadas adversativas e conclusivas quando apresentarem a conjunção deslocada. Ex.: A prova teórica estava acessível; a prática, no entanto, foi mais difícil.

f) Separar diversos itens de uma enumeração. Ex.:

A garantia de prioridade compreende:

a) primazia de receber proteção e socorro em quaisquer circunstâncias;

b) precedência de atendimento nos serviços públicos ou de relevância pública;

c) preferência na formulação e na execução das políticas sociais públicas;

d) destinação privilegiada de recursos públicos nas áreas relacionadas com a proteção à infância e à juventude (Brasil, *Estatuto da Criança e do Adolescente*).

12.3 Ponto final

Emprega-se o ponto para indicar na escrita uma pausa da voz de máxima duração. Utiliza-se basicamente para assinalar o fim de uma oração declarativa de um período simples ou composto. Ex.: Nunca pude entender a conversação que tive com uma senhora, há muitos anos, contava eu dezessete, ela trinta. (Machado de Assis, *Missa do galo*).

O ponto que é usado para encerrar o texto escrito denomina-se ponto final.

Obs.: Utiliza-se também o ponto depois de abreviaturas. Ex.: Dr., Prof. etc.

12.4 Ponto de exclamação

Utiliza-se o ponto de exclamação no final de enunciados com entonação exclamativa para exprimir estados emocionais, como espanto, dor, alegria, admiração, pedido etc. Ex.: Oh! Que saudade que tenho / Da aurora da minha vida / Da minha infância querida / Que os anos não trazem mais! (Casimiro de Abreu, *Meus oito anos*).

Emprega-se também o ponto de exclamação nos casos que seguem.

a) Depois de interjeições, locuções interjectivas ou termos equivalentes. Ex.: Oh! / já não é analfabeto, / esse inseto, / pois sabe escrever seu nome (Cecília Meireles, *O mosquito escreve*).

b) Após um enunciado imperativo. Ex.: Fique comigo!

12.5 Ponto de interrogação

Usa-se ponto de interrogação na escrita, no final de uma interrogação direta, para indicar entoação de pergunta. Ex.: – Você está apaixonado, Anderson?

Obs.: Alguns autores empregam o ponto de interrogação junto com o de exclamação para exprimir na escrita a entoação de voz utilizada na fala e a emoção que a acompanha. Ex.:

> Aplicando, porém, o ouvido à fechadura, pareceu-lhe perceber o murmúrio de vozes abafadas.

> – Quem anda aí dentro?! – perguntou em voz alta Pedro, batendo à porta (Júlio Dinis, *As pupilas do senhor reitor*).

12.6 Dois pontos

Os dois pontos assinalam, na escrita, uma significativa suspensão da voz na melodia de uma frase ainda não concluída. Empregam-se nos casos que seguem.

a) Antes de uma citação. Ex.: Marcuschi (2002, p. 30) afirma: "gêneros não são entidades naturais como as borboletas, as pedras, os rios e as estrelas, mas são artefatos culturais construídos historicamente pelo ser humano".

b) Antes de uma enumeração. Ex.: Para o próximo ano, tenho dois objetivos: conseguir um bom emprego e fazer um curso de pós-graduação.

c) Antes de uma explicação. Ex.: Quando recebi a prova, fiquei feliz: percebi que havia obtido nota máxima.

12.7 Reticências

As reticências assinalam uma interrupção da frase. Utiliza-se esse sinal de pontuação nas situações que seguem.

a) Para exprimir, nos diálogos, a interrupção da fala de um personagem pela interferência de outro. Ex.:

> – És um fracalhão.

> – Acreditas que eu...

> – Acredito que és um fracalhão, e que não pareces aquele mesmo Magalhães que sabe conservar o sangue-frio em todas as ocasiões graves (Machado de Assis, *Almas agradecidas*).

b) Quando ocorre uma interrupção da frase para o enunciador tecer comentários ou devido a uma hesitação, admiração, grande emoção etc. Ex.: – Penso – continuou o rapaz – que também o Sr. ... é da família... pela amizade (Machado de Assis, *Felicidade pelo casamento*).

c) Para indicar que o leitor deverá imaginar o final da frase. Ex.: Mexe os dedos do pé com delícia. Agora sim, pode ouvir melhor o que ele está tocando, ele, o seu Gilberto. Parece um sonho... (Érico Verissimo, *As mãos de meu filho*).

d) Para exprimir ironia. Ex.: – Viram só? Ela virou fera! Essa mulherzinha... (Luis Fernando Verissimo, *O maridinho e a mulherzinha*).

12.8 Aspas

Empregam-se as aspas com as finalidades que seguem.

a) Indicar citação literal. Ex.: Koch (1993, p. 160) afirma que "nas aulas de leitura, é importante conscientizar o aprendiz da existência, em cada texto, de diversos níveis de significação".

b) Destacar palavras ou expressões estrangeiras, arcaicas, de nível popular, neologismos e gírias. Ex.: Aconteceu depois do jantar, quando o Flores quis exibir seu novo "laser" e colocou um disco. Bach. Cordas (Luis Fernando Verissimo, *Fuga*).

c) Realçar uma palavra ou expressão utilizada em tom de ironia. Ex.: Preciso emagrecer. Estou tão "fraquinho"!

d) Indicar um termo ou expressão que necessita ser realçada. Ex.: Emprega-se "porquê", junto e com acento, quando se trata de substantivo.

e) Assinalar a troca de interlocutor nos diálogos. Ex.:

> [...] Mas que me seja permitido sonhar com outra vida e outro mundo, em que um homem batesse à porta do outro e dissesse: "Vizinho, são três horas da manhã e ouvi música em tua casa. Aqui estou". E o outro respondesse: "Entra, vizinho, e come de meu pão e bebe de meu vinho. Aqui estamos todos a bailar e cantar, pois descobrimos que a vida é curta e a lua é bela" (Rubem Braga, *Recado ao senhor 903*).

12.9 Travessão

Usa-se travessão nos casos que seguem.

a) Indicar troca de interlocutor nos diálogos. Ex.:

> Pressionado por dívidas, o fiel fala com Deus:
> – O que é para vós, Senhor, um milhão de anos?

– Para mim, filho, é um segundo.

– O que é para vós um milhão de reais?

– Nada mais que um centavo.

– Então, Senhor, dê-me esse centavo.

– Claro, filho. Espere um segundo!

RIA se puder. *Correio Riograndense*, Caxias do Sul, 08 jul. 2009. Sabe-tudo, p. 16.

b) Separar a fala da personagem da fala do narrador. Ex.: – Boneca? – repetiu Negrinha. – Chama-se Boneca? (Monteiro Lobato, *Negrinha*).

c) Isolar termos ou orações intercaladas. Ex.: Roberto Carlos – cantor da Jovem Guarda – mantém eternamente seus fãs.

12.10   Atividades

1) Coloque vírgula quando for necessário.

a) Clarice Lispector autora de *A hora da estrela* é um grande nome da literatura universal.

b) Aos convidados os noivos deram uma lembrança.

c) "Os verdadeiros analfabetos são os que aprenderam a ler e não leem" (Mário Quintana).

d) Alguns alunos apenas estudam outros trabalham e estudam.

e) Paula sua caneta está sobre a mesa.

f) O homem que é racional encontrará soluções para combater o aquecimento global.

g) Quando você atingir suas metas será muito mais feliz.

h) Viajando de trem você poderá admirar a natureza.

i) O presidente declarou à imprensa que a situação do país não é alarmante.

j) Frei Henrique Soares de Coimbra rezou a primeira missa no Brasil.

k) Se não tomarmos providências imediatas o empreendimento tornar-se-á inviável.

l) Desde que entraram na moda as peças antigas adquiriram altos preços.

m) A leitura de boas obras é fundamental para escrever bem além disso permite a formação de uma sólida cultura geral.

n) Um bom texto resulta da escrita da reescrita e da leitura em voz alta.

o) Antes de iniciar o trabalho é importante pois entender como a empresa se organiza.

p) A dedicação e o esforço pessoal fortalecem nossa competência profissional.

q) Pelé o ídolo do futebol brasileiro sempre será imitado.

2) Virgule se necessário, observando o sentido solicitado.

a) Não matem a barata. (a barata morre)

b) Não matem a barata. (a barata vive)

c) Finalmente sós. (ênfase no sentido)

d) Finalmente sós. (esforço menor)

3) Use os sinais de pontuação de modo adequado e faça os ajustes necessários.

VACAS MUGEM COM SOTAQUE AFIRMA ESTUDO

Vacas leiteiras com "muuuus" diferentes é o que comprovou John Wells professor especialista em fonética da Universidade de Londres Wells investigou o assunto depois que criadores de vacas perceberam ligeiras diferenças nos "muuuus" delas em diversas regiões

Eu passo muito tempo com as minhas vacas e definitivamente elas mugem com sotaque disse Lloyd Green que tem uma propriedade em Glastonbury no oeste da Inglaterra

Conversei com outros produtores da região e eles também perceberam fatos semelhantes em suas vacarias com cachorro também é assim quanto mais próxima a relação do dono com os animais mais fácil é pegarem o sotaque aponta Wells (VACAS mugem com sotaque, afirma estudo. *Correio Riograndense*, Caxias do Sul, p. 11, 17 jun. 2009).

4) Leia as frases:

I – Ontem, encontrei Rodolfo, que estava muito feliz.

II – Paula, como toda moça apaixonada, só tinha olhos para o rapaz.

III – Jane, que residia na cidade vizinha, viajava duas horas para chegar ao trabalho.

A vírgula é empregada para separar a oração subordinada adjetiva explicativa:

a) (　) só na frase I.

b) (　) só na frase II.

c) (　) só na frase III.

d) (　) nas frases I e II.

e) (　) nas frases I e III.

5) Assinale a alternativa correta quanto ao uso da vírgula.

a) (　) Cada um tem o futuro que merece.

b) (　) Cada um, tem o futuro que merece.

c) (　) Cada um, tem o futuro, que merece.

d) (　) Cada um tem, o futuro que merece.

6) Marque a alternativa em que o emprego da vírgula está adequado.

a) (　) Como ganharam uma herança compraram um carro ontem.

b) (　) Como ganharam uma herança compraram um carro, ontem.

c) (　) Como ganharam uma herança, compraram um carro ontem.

d) (　) Como ganharam uma herança, compraram um carro, ontem.

7) Observe as frases:

I – Fabiano saiu, logo eu não pude ir.

II – A senhora, disse ela, não irá.

III – Leonardo da Vinci, que é um dos grandes nomes da pintura, é o autor da obra *Mona Lisa*.

IV – Vencendo o jogo, o time se consagraria campeão nacional.

Assinale a alternativa correta:

a) (　) na I, se mudar a vírgula de posição, altera-se o sentido da frase.

b) (　) em I, há erro de pontuação.

c) (　) na II, faltam dois pontos depois da palavra "disse".

d) (　) em II e III, as vírgulas podem ser retiradas sem que haja erro.

8) Escolha a pontuação correta e coloque nas lacunas.

O ator deu um suspiro profundo ___ em seguida ___ fez um gesto estranho ___ ergueu os braços e atirou confetes sobre o público.

a) (   ) vírgula; vírgula; vírgula.

b) (   ) ponto e vírgula; vírgula; dois pontos.

c) (   ) dois pontos; vírgula; ponto e vírgula.

9) A colocação da vírgula ocasiona alteração de sentido. Indique a diferença de sentido existente entre os pares de frases que seguem.

a) Só aquele rapaz conseguiu resolver corretamente todas as questões da prova.

Só, aquele rapaz conseguiu resolver corretamente todas as questões da prova.

b) Felipe pode vender o carro.

Felipe, pode vender o carro.

c) Os alunos que se dedicaram aos estudos obtiveram aprovação no concurso.

Os alunos, que se dedicaram aos estudos, obtiveram aprovação no concurso.

10) Crie duas situações distintas em que poderiam ter sido proferidas as frases que seguem.

a) Não pode entrar!   b) Não, pode entrar.

11) Pontue a sentença "Já é meia-noite" de três formas distintas, de modo que passe a denotar:

a) admiração:

b) questionamento:

c) constatação:

12) Encontre o maior número de possibilidades de pontuação para a frase "Minha pasta sumiu não está no armário", sem alterar a ordem dos vocábulos.

13) Explicite a alteração de sentido que aconteceria na sentença "Quero apresentar-lhe Rodrigo, o especialista em informática" se fosse inserida uma vírgula após o vocábulo "apresentar-lhe".

Referências

Referências teóricas

ABREU, Antônio Soares. *A arte de argumentar*: gerenciando razão e emoção. São Paulo: Ateliê, 2001.

BAKHTIN, Mikhail M. *Estética da criação verbal*. São Paulo: Martins Fontes, 1992.

BEZERRA, Maria Auxiliadora. Por que cartas do leitor na sala de aula. In: BEZERRA, Maria Auxiliadora; DIONISIO, Angela Paiva; MACHADO, Anna Rachel. *Gêneros textuais & ensino*. 2. ed. Rio de Janeiro: Lucerna, 2002. p. 208-216.

BRÄKLING, Kátia Lomba. Trabalhando com artigo de opinião: re-visitando o eu no exercício da (re)significação da palavra do outro. In: ROJO, Roxane (Org.). *A prática da linguagem em sala de aula:* praticando os PCNs. São Paulo/Campinas: Educ/Mercado de Letras, 2000. p. 221-247.

BRASIL. *Parâmetros Curriculares Nacionais*: Ensino Médio – Linguagem, códigos e suas tecnologias. Brasília: Ministério da Educação, 1999.

BRONCKART, Jean-Paul. *Atividade de linguagem, textos e discursos:* por um interacionismo sociodiscursivo. Trad. de Anna Rachel Machado, Péricles Cunha. São Paulo: Educ, 1999.

CHAROLLES, Michel. Introdução aos problemas de coerência dos textos. In: GALVES, C.; ORLANDI, E.P.; OTONI, P. *O texto, leitura e escrita*. Campinas: Pontes, 1988.

COLTIER, Danielle. Approches du texte explicatif. *Pratiques*, Metz, n. 51, p. 3-22, sept. 1986.

CUNHA, Celso; CINTRA, Lindley. *Nova gramática do português contemporâneo*. Rio de Janeiro: Nova Fronteira, 2001.

DELCAMBRE, Isabelle; DARRAS, Francine. Des modules d'apprentissage du genre dissertatif. *Pratiques*, Metz, n. 75, p. 17-43, sept. 1992.

DELFORCE, Bernard. La dissertation et la recherche des idées ou: le retour del'inventio. *Pratiques*, Metz, n. 75, p. 3-16, sept. 1992.

DELL'ISOLA, Regina Lúcia Péret. *Retextualização de gêneros escritos*. Rio de Janeiro: Lucerna, 2007.

GARCIA-DEBANC, Claudine. Intérets des modeles du processus rédactionnel pour une pédagogie de l'écriture. *Pratiques*, Metz, n. 49, p. 23-49, mars 1986.

GUEDES, Paulo Coimbra. *Da redação escolar ao texto*: um manual de redação. Porto Alegre: UFRGS, 2002.

HALLIDAY, M.A.K.; HASAN, Rugaia. *Cohesion in English.* Londres: Longman, 1976.

KAUFMAN, Ana María; RODRÍGUEZ, María Elena. *Escola, leitura e produção de textos*. Trad. de Inajara Rodrigues. Porto Alegre: Artes Médicas, 1993.

KOCH, Ingedore Grunfeld Villaça. *Argumentação e linguagem*. 3. ed. São Paulo: Cortez, 1993.

KÖCHE, Vanilda Salton; PAVANI, Cinara Ferreira; BOFF, Odete Maria Benetti. *Prática textual*: atividades de leitura e escrita. 6. ed. Petrópolis: Vozes, 2009.

MARCUSCHI, Luiz Antônio. Gêneros textuais: definição e funcionalidade. In: BEZERRA, Maria Auxiliadora; DIONISIO, Angela Paiva; MACHADO, Anna Rachel. *Gêneros textuais & ensino*. 2. ed. Rio de Janeiro: Lucerna, 2002. p. 19-36.

MARQUESI, Sueli Cristina. *A organização do texto descritivo em língua portuguesa*. 2. ed. Rio de Janeiro: Lucerna, 2004.

MELLO, Vera Helena Dente. *Trabalhando com a gramática no gênero textual carta do leitor*: uma abordagem enunciativa. Disponível em: <http: www3.unisul.br/paginas/ensino/pos/linguagem/cd/Port/131. Pdf>. Acesso em: 23 abr. 2008.

PEREIRA, Rose Mary Ferreira; ROCHA, Thaís Ferreira da. *Discurso midiático*: análise retórico-jornalística do gênero editorial. 2006. 93 f. Monografia (graduação em Comunicação Social) – Universidade Federal de Alagoas Maceió, 2006. Disponível em: <http://bocc.ubi.pt/pag/pereira-rose-mary-rocha-thais-discurso-midiatico.pdf>. Acesso em: 14 maio 2008.

PERELMAN, Ch. *L' empire rhétorique:* rhétorique et argumentation. 2. ed. Paris: Philosophique J. Vrin, 1988.

RODRIGUES, Rosângela Hames. Os gêneros do discurso na perspectiva dialógica da linguagem: abordagem de Bakhtin. In: MEURER, J.L.; BONINI, Adair; ROTH, Desirée Motta. *Gêneros*: teorias, métodos, debates. São Paulo: Parábola, 2007. p. 154-183.

SCHNEUWLY, Bernard; DOLZ, Joaquim e colaboradores. *Gêneros orais e escritos na escola*. Trad. de Roxane Rojo e Glaís Sales Cordeiro. Campinas: Mercado das Letras, 2004.

TRAVAGLIA, Luiz Carlos. *Um estudo textual-discursivo do verbo no português do Brasil*. 1991. 330 f. Tese (Doutorado em Linguística) – Universidade Estadual de Campinas. Campinas, 1991.

VANOYE, Francis. *Usos da linguagem.* São Paulo: Martins Fontes, 1996.

VIGNER, Gerard. Técnicas de aprendizagem da argumentação escrita. In: GALVES, Charlotte; ORLANDI, Eni Pulcinelli; OTONI, Paulo (orgs.). *O texto*: escrita e leitura. Campinas: Pontes, 1988. p. 117-136.

VILELA, Mário; KOCH, Ingedore Villaça. *Gramática da língua portuguesa*: gramática da palavra, gramática da frase, gramática do texto/discurso. Coimbra: Almedina, 2001.

Obras usadas como recurso pedagógico

Obras literárias

ABREU, Casimiro de. Meus oito anos. In: ALVES, Afonso Telles (org.). *Antologia de poetas brasileiros.* São Paulo: Logos, [s.d.]. p. 67.

ALVES, Rubem. Desembarcar. In: _____. *Ostra feliz não faz pérola.* São Paulo: Planeta do Brasil, 2008. p. 41.

_____. Inspiração. In: _____. *Ostra feliz não faz pérola.* São Paulo: Planeta do Brasil, 2008. p. 20.

_____. Pensamentos-brinquedos. In: _____. *Ostra feliz não faz pérola.* São Paulo: Planeta do Brasil, 2008. p. 21.

ANDRADE, Carlos Drummond de. Visitante noturno. In: _____. *Boca de luar.* 9. ed. São Paulo: Círculo do Livro, 1988. p. 9.

ÂNGELO, Ivan. Menina. In: MORICONI, Italo (org.). *Os cem melhores contos brasileiros do século.* Rio de Janeiro: Objetiva, 2001. p. 264.

ASSIS, Machado de. A cartomante. In: _____. *A cartomante e outros contos.* São Paulo: Moderna, 2004. p. 85.

_____. *Helena.* 25. ed. São Paulo: Ática, 2002. p. 19.

_____. *Memórias póstumas de Brás Cubas.* 23. ed. São Paulo: Ática, 1997. p. 17.

_____. *A mão e a luva.* São Paulo: Globo, 1997. p. 42.

_____. Missa do galo. In: _____. *Contos.* Deomiro Stefani (seleção). 21. ed. São Paulo: Ática, 1996. p. 99.

_____. Almas agradecidas. In: _____. *Contos.* Deomiro Stefani (seleção). 21. ed. São Paulo: Ática, 1996. p. 11-12, 17.

_____. Felicidade pelo casamento. In: _____. *Contos.* Deomiro Stefani (seleção). 21. ed. São Paulo: Ática, 1996. p. 86.

_____. *Memorial de Aires.* São Paulo: W.M. Jackson, 1946. p. 215.

BARRETO, Lima. *O cemitério dos vivos.* Disponível em: http://www.cervantesvirtual.com/servlet/SirveObras/79159408118027617422202/p0000001.htm. Acesso em: 29 out. 2009.

BRAGA, Rubem. Cristo morto. In: _____. *200 crônicas escolhidas.* 4. ed. Rio de Janeiro: Record, 1980. p. 30.

_____. História triste de Tuim. In: _____. *200 crônicas escolhidas.* 4. ed. Rio de Janeiro: Record, 1980. p. 233.

_____. Recado ao senhor 903. In: _____. *200 crônicas escolhidas.* 4. ed. Rio de Janeiro: Record, 1980. p. 179.

DINIS, Júlio. *As pupilas do senhor reitor.* 7. ed. São Paulo: Ática, 1983. p. 147.

LOBATO, Monteiro. Negrinha. In: MORICONI, Italo (org.). *Os cem melhores contos brasileiros do século.* Rio de Janeiro: Objetiva, 2001. p. 81.

MEIRELES, Cecília. O mosquito escreve. In: _____. *Ou isto ou aquilo.* 22. imp. Rio de Janeiro: Nova Fronteira, 1990. p. 21.

POZENATO, José Clemente. *A cocanha.* Porto Alegre: Mercado Aberto, 2000. p. 207, 240.

SAINT-EXUPÉRY, Antoine de. *O pequeno príncipe.* 30. ed. São Paulo: Agir, 1986. p. 34.

SHAKESPEARE, William. *Trabalhos de amor perdidos.* Disponível em: <http://www.ebooksbrasil.org/adobeebook/trabalhos.pdf>. Acesso em: 29 out. 2009.

VERISSIMO, Érico. As mãos de meu filho. In: MORICONI, Italo (org.). *Os cem melhores contos brasileiros do século.* Rio de Janeiro: Objetiva, 2001. p. 174.

VERISSIMO, Luis Fernando. Fuga. In: _____. *Comédias da vida privada*: 101 crônicas escolhidas. 17. ed. Porto Alegre: L&PM, 1996. p. 111.

_____. O maridinho e a mulherzinha. In: _____. *Comédias da vida privada*: 101 crônicas escolhidas. 17. ed. Porto Alegre: L&PM, 1996. p. 115.

Obras não literárias

BRASIL. Lei n. 8.069, de 13 de julho de 1990. Dispõe sobre o Estatuto da Criança e do Adolescente, e dá outras providências. *Estatuto da criança e do adolescente.* 13. ed. São Paulo: Saraiva, 2003. p. 2.

Índice

Sumário, 5

Apresentação, 7

Introdução, 9

1 Gêneros textuais, 11

    1.1 Agrupamento dos gêneros textuais, 13

    1.2 Produção de gêneros textuais e níveis de linguagem, 13

    1.3 Atividades, 15

2 Tipologias textuais, 19

    2.1 Tipologia textual narrativa, 19

    2.2 Tipologia textual descritiva, 21

    2.3 Tipologia textual dissertativa, 22

    2.4 Tipologia textual injuntiva, 23

    2.5 Tipologia textual explicativa, 25

    2.6 Tipologia textual preditiva, 26

    2.7 Tipologia textual dialogal, 27

    2.8 Atividades, 29

3 Artigo de opinião, 33

    3.1 Estrutura, 34

    3.2 Tipos de argumentos, 35

    3.3 Análise de um artigo de opinião, 36

    3.4 Atividades, 39

4 Carta argumentativa, 45

    4.1 Análise de uma carta argumentativa, 47

    4.2 Atividades, 49

5 Comentário, 53

  5.1 Análise de um comentário, 54

  5.2 Atividades, 56

6 Editorial, 59

  6.1 Análise de um editorial, 60

  6.2 Atividades, 62

7 Carta do leitor, 67

  7.1 Análise de cartas do leitor, 68

  7.2 Atividades, 70

8 Dissertação escolar, 75

  8.1 Estrutura, 77

  8.2 Qualidades discursivas da dissertação, 77

  8.3 Análise de uma dissertação escolar, 79

  8.4 Atividades, 81

9 Anúncio publicitário, 87

  9.1 Análise de um anúncio publicitário, 89

  9.2 Atividades, 91

10 Texto explicativo, 93

  10.1 Análise de um texto explicativo, 96

  10.2 Atividades, 98

11 Operadores argumentativos, 103

  11.1 Atividades, 106

12 Pontuação, 111

  12.1 Vírgula, 111

    12.1.1 Casos em que se emprega a vírgula, 111

    12.1.2 Casos em que é proibido o emprego da vírgula, 113

  12.2 Ponto e vírgula, 113

  12.3 Ponto final, 114

  12.4 Ponto de exclamação, 114

  12.5 Ponto de interrogação, 114

12.6 Dois pontos, 115

12.7 Reticências, 115

12.8 Aspas, 116

12.9 Travessão, 116

12.10 Atividades, 117

Referências, 121

Referências teóricas, 121

Obras usadas como recurso pedagógico, 123

Obras literárias, 123

Obras não literárias, 124

Conecte-se conosco:

 facebook.com/editoravozes

 @editoravozes

 @editora_vozes

▶ youtube.com/editoravozes

🗨 +55 24 2233-9033

www.vozes.com.br

Conheça nossas lojas:

www.livrariavozes.com.br

Belo Horizonte – Brasília – Campinas – Cuiabá – Curitiba
Fortaleza – Juiz de Fora – Petrópolis – Recife – São Paulo

    Vozes de Bolso

EDITORA VOZES LTDA.
Rua Frei Luís, 100 – Centro – Cep 25689-900 – Petrópolis, RJ
Tel.: (24) 2233-9000 – E-mail: vendas@vozes.com.br